郎世荣◎著

如何讲话有逻辑 怎样说服有力量

搞定人 说服人 影响人
的高端口才控制术

时代出版传媒股份有限公司
北京时代华文书局

图书在版编目（CIP）数据

如何讲话有逻辑，怎样说服有力量 / 郎世荣著 . --
北京： 北京时代华文书局，2015.5
ISBN 978-7-5699-0218-1

Ⅰ . ①如… Ⅱ . ①郎… Ⅲ . ①口才学－通俗读物
Ⅳ . ① H019-49

中国版本图书馆 CIP 数据核字 (2015) 第 068326 号

如何讲话有逻辑，怎样说服有力量

著　　者 | 郎世荣

出 版 人 | 田海明　朱智润
责任编辑 | 李　争
装帧设计 | 琥珀设计
责任印制 | 郑珊珊

出版发行 | 时代出版传媒股份有限公司 http://www.press-mart.com
北京时代华文书局 http://www.bjsdsj.com.cn
北京市东城区安定门外大街 136 号皇城国际大厦 A 座 8 楼
邮编：100011　电话：010－64267120　64267397
印　　刷 | 三河市兴达印务有限公司　010－87331056
（如发现印装质量问题，请与印刷厂联系调换）
开　　本 | 720×1000mm　1/16
印　　张 | 18
字　　数 | 225 千字
版　　次 | 2015 年 8 月第 1 版　　2015 年 8 月第 1 次印刷
书　　号 | ISBN 978-7-5699-0218-1

定　　价 | 39. 80 元

前言
PREFACE

大家都知道，沟通需要技巧。在生活中，一个人的语言表达能力很重要，而话说得是否让人喜欢听，别人能否从他的话语中感悟出什么道理更重要。当今时代，人们处于高度紧张的生活状态下，不论在家庭中，还是在职场上，都难免会遇到各种问题，这时，沟通能力就派上了大用场。而这其中，说服他人的能力更是必不可少。因为，在处理各类问题时，与他人意见不一致的情况时有发生，为了坚持自己的想法，这时，就需要去说服他人。举最简单的例子来说吧，在一个家庭中，丈夫劝说妻子少买一些奢侈品，或是没用的服饰；妻子劝诫丈夫少在外面喝酒，不要抽烟；父母劝诫孩子少玩游戏，多学习，等等。这些都需要掌握一定的沟通技巧。

当下，人们的社会交往非常频繁，会与形形色色的人打交道，而有时候，必须要通过说服他人才能达成目的。所以，说服能力引起了现代人的高度重视。好的管理者，更是需要有很强的说服能力——对外要联系业务，运用高超的说服能力取得客户的信任，做成交易；对内，要管理好员工，让他们心悦诚服地工作。而且，还得既能取悦于老板，又能赢得下属的爱戴。这些，都离不开一个人的说服能力。

美国心理学家埃莉诺·西格尔说过这样的一句话："生活中没有比说服更有说服力了。人类包括某些灵长类动物成员之间的几乎每一种社交活动，都含有强烈的说服意味。所以，关于影响人们决策的心理过程的知识具有积极的、不可估的潜在意义。”从这句话中可以了解到，说服是一种能力，一种技巧。

人类发展到今天，在各行各业不乏优秀者，这些人在各个领域取得了辉煌的成绩。如各国的政治领袖、商业巨头等，如果认真研读他们成功的一生，不难看出这些人不仅拥有创造、创新的魄力，同时也都是说服高手。他们能在事业起步时、事业低谷时以及急需他人帮助时，说服他人为自己效力，从而帮助自己走向成功之路。在说服他人的过程中，他们懂得如何说服别人，让别人在不自觉中对自己产生信赖的感觉，跟着他们一路披荆斩棘，从而成就自己的卓越人生。可以说，这些人绝对是说服高手，他们的话极具影响力，不然他们如何能带动大家跟随他们的脚步一路前行呢？

说服是一种能力，如果在生活中能够成为一名说服高手的话，自然会很容易地解决许多棘手的问题。有人说，说服他人没那么难；还有人说，想要说服他人真不是一件容易的事啊！那么，说服他人到底容不容易呢？其实，只要掌握了技巧，说服他人就没有那么难。

一个说服高手，在说服他人的过程中，未必会口若悬河说个不停，也未必巧舌如簧，妙语连珠。但是，他一定懂得说服的技巧，知道在面对不同的被说服对象时，如何出击。也就是，一个好的说服者，知道在什么时候，说什么话，懂得恰如其分的语言能为自己带来怎样的利益和方便，尤其身处困境之时，怎样为自己化解危险，走出困境。

说服是一种解决问题的能力，在现代生活中，这种能力越来越被大家所重视。所以，大家一定要掌握一些说服他人的技巧，这样才能在生活和工作中处于更主动的地位。而本书就是力求为大家提供一些这方面的常识，让大家在阅读中了解掌握说服技巧的必要性，怎样能更好地掌握它、运用它，让它成为自己的一种能力，从而来帮助自己解决问题，达成心愿。

本书从几个层面入手，通过一些贴近生活的实例，深入浅出地为大家解析在说服他人的过程中需要注意什么。如：博取他人同情心的办法，利用他人的同情为突破口，来说服对方；通过不同手段，展示自己的实力，让对方被你的实力折服；选择恰当的时机出手，找对场合和时间、看准对方的情绪、找到对方的兴奋点等。俗话说，知己知彼，百战不殆，在说服他人的过程中，对对方了解得越是深刻，越能准确地找到对方的突破口，而紧紧抓住它，就能乘势说服对方。

当然，在说服的过程中，还有一些客观存在的问题，需要我们注意，那就是语言问题。了解了对方的具体情况，找到了可以出击的突破口，但是，在说服中如果无法用恰当的语言来表达，也会影响说服的效果。因此，在语言运用上，也要懂得一些语言的艺术，让自己的语言在清晰表达观点之外，还能易于他人接受、具有感染力，等等。

在生活中，什么问题都有可能遇到，而在面对各种问题和不同的人时，如何应对，如何让他们能够按照自己的意愿发展，往往至关重要。所以，了解并掌握说服他人的技巧很有必要。哪怕只是一点小的家庭问题，如果不能好好地解决，日久天长便可能积怨过多，导致大麻烦的出现。在社会上，说服更是无处不在，求职、洽谈、给下属做工作等等，都会经常遇到说服对方的情况。就此而言，如果你掌握了说服这项本领，你的生活和事业会更加顺畅。

目录

CONTENTS

Chapter1 说服别人，

让你成为一名说服大师

Chapter2 说服训练，

要想说服别人先说服自己

Chapter3 展现实力，

实力不凡更容易打动对方

Chapter4 以弱克强，

博得对方的同情心

Chapter5 分析性格，

用不同的说服方案征服不同的人

Chapter9 调动思维，把握住对方的需求

Chapter10 心理暗示，在不知不觉中让人信服

Chapter11 选择时间，

选择易于说服对方的时间

Chapter12 消除防范，

先消除对方的戒心再说服

Chapter13 说服本质，

攻心让对方心服口服

Chapter14 气场优势，是说服他人的“有力助手”

Chapter15 间接说服，通过第三者的力量说服对方

Chapter16 说服误区，不要让这些因素导致你的失败

Chapter1

说服别人，

让你成为一名说服大师

说服是生活中必不可少的生存技能。年幼的孩子想让妈妈给买甜美的裙子，想让爸爸给讲故事，想让小伙伴们听候自己的差遣；学生想让老师任命自己为班长，想让同学帮自己补习功课，想让同桌不把自己的恶作剧告诉老师；员工想和老板商量涨薪资的问题；房客想与房东商量减租金的问题；男孩想与未来的丈母娘商量如何娶来她女儿的问题……这一切的一切，都需要他们施展自己的说服能力去达成所愿。

在说服他人的过程中，每个人有每个人的说服方式和技巧，甚至在孩童时期，不同的孩子就已经展现出了不同的表达方式，有的孩子用沉默不语来表达不满，有的孩子用嚎啕大哭来表达委屈，有的孩子用奋力捶打桌子表达愤怒，这些都是最为原始、朴素的方法，也是比较有效的方法。而有一天，问题出现了。当大家长大时，发现自己曾经为了达成某种心愿，而惯用的说服他人的方式，如今随着年龄以及环境的变化，已经很难再奏效或无法再运用时，会陷入一种无力感。可是说服他人又是生活中不可避免的一件事情，所以迫切地想让自己拥有这样的能力。

因此，想让自己的想法得到充分地展现，想让他人能够尊重与认同自己的想法必须要懂得一些说服的技巧，只有这样，才能解决生活中的许多问题。

1. 说服别人是一种重要的才能

说服就像一场角力，说服者就是那个角斗士。在每场“角斗”开始之前，说服者都要对对手做一个大体了解，知道对方的优势与弱势，找到说服对方的切入点，这样才能制订出具体的“作战计划”，以求一击即中。当然，在上场前还要抖擞精神，让自己兴奋起来，步入这个决定自己“生死”的场内，与对手进行厮杀博弈。博弈的结果判定了自己是“生”是“死”。或许有人会觉得这样的说法太过严重，但生活的实质、说服的实质就是如此。因此，必须学会如何运用一些说服之术，为自己赢来“一线生机”。

人是群居性动物，人们生活在一个整体之中，想要超脱世外自然不是一件易事。所谓“有人的地方就有江湖”正是缘于这种人类的群居性。一个人的能力毕竟有限，有些时候，需要与他人相互协作才能完成某种目的，因此，人们需要通过不断地与人沟通和交流来达到目的，解决问题。可以说，沟通与交流在生活中发挥着巨大“威力”。而沟通与交流的目的大多数时候都是为了说服，而一个不懂得说话之道的人往往很难取得大的成功。反之，成大事者必然能够领会说服的作用，掌握说服技巧的精髓与真谛，为自己达成所愿扫除障碍。

古时孔子周游列国，用他的智慧与口才为人们留下了源远流长、盛行千年的文化内涵；苏秦游说六国，仅用一张嘴，一篇纵横论，没有耗费一斗粮，没有派出一列兵，没有绷断一根弦，没有折损一支箭，而使得疆土广大辽阔，人民团结友爱，王侯谋臣威严有势，而他终成六国之相。苏格拉底说："世界上存在这样一种成就，它能够帮助自己赢来辉煌，并受到世人的赞誉，它就是说话时能够让人愉悦的能力。"

可见，不论在什么样的社会环境下，掌握熟练的说服之术，对于一个人来说都显得尤为重要，在现今这个充满竞争力的社会更是如此。一个人的语言表达能力如何、交际风格怎样，无一不向他人展现着他的修养与能力。所以一个人的才能在很大程度上取决于他是否拥有强大的说服力，这个能力往往能够使他在人群中显得卓尔不群，也很容易因此而获得他人的喜爱与尊敬，使他的才干能得到充分地展示与发挥，从而取得不俗成绩。

无论在生活中，还是在工作中，人们总会因为各种原因与他人产生冲突：利益上、口头上、观点上等，没有哪两个人的想法会完全一样，生活中不会每天都出现"英雄所见略同"的情形，而种种不一样的理念与想法，又往往会转为口头上的辩论，甚至言语上的冲突，而一旦产生冲突自然会让自己的心情不快。但分歧会经常出现，毕竟人们拥有的理念会不尽相同。而一般情况下，人们的分歧与异议都与利益相关，这些分歧与冲突也自然会让人们的关系变得紧张。如果人们希望别人能够善待持不同意见的自己，就要先去善待持不同意见的他人，针锋相对绝非上策。当一个人试图压倒对方时，其实就已经是一种失策了，因为真正的说服是建立在双赢的基础之上的。

美国纽约大学设有演讲系，为这个系担任主讲的两个教授曾用七年时间，亲临现场聆听各种人群之间的辩论与争论，经过数据分析，他们得到了这样一个非常有趣的结论：那些极具影响力的政治家以及各个国家的代表在进行谈论时很少能够说服对方，他们成功说服对方的几率远远没有身为销售员或者推销员的几率高。这是因为，同为政客，同为各自的团体争取利益的他们，根本不会想到向对方妥协，而是一味地攻击对方，致使双方都头破血流，最终惨淡收场。而身为销售人员则懂得让利，用一点小利益来使顾客的心理发生改变，从而达到自己的“大利”。也就是说，实验的结论是，政客们在进行一场可以预见的以不欢而散为结局的争吵，而店员们则是在进行一场以双赢为目的的说服。

争吵只会让情况变得越来越糟，而真正有效的手段是说服。

在当前，一些西方发达国家已经把是否具有很强的说服力作为衡量人才的一个重要标准。那些有着很强的发展势头的公司与企业都会对竞聘人员进行口试。更有甚者，日本的一家大公司在进行招聘时，在口才方面专门设置了相关条文：

应聘者说话声音过小，细如蚊声者，不予录用……

应聘者说话时没有语调变化、声音没有起伏者，不予录用……

应聘者不能透彻理解考官所说的话，说话不知所云者，不予录用……

应聘者不能干脆回答考官的问题，说话颠三倒四者，不予录用……

日本公司的这些条文反映出这样一种情况：说服力与一个人的成功关系密切，它的影响重大，它是一个人能否胜任某项工作的前提条件，也是展现其自身才华的重要手段。只有善于表达的人，才能将上级的意识清楚地传达给他人；只有在该说话的时候，敢说话，才能将自己的意愿勇敢地流露给他人；掌握了说话的技巧，才能逐渐掌握话语权，成为主导者。

可以说任何一项工作的成功，都离不开说服之术的运用。正如我国散文大家朱自清所说：“人生不外言动，除了动就只有言。所谓人情世故，一半儿是在说话里。”所以能够掌握好说话之道、运用好说服之术，无论对一个人的工作还是生活来讲，都大有裨益。

2. 说服是技术，也是艺术

但丁曾言：“语言作为一种工具对我们来说，就像是漂亮的马鞍对于骏马一般。最好的骏马理应匹配最漂亮的马鞍，而最美妙的语言则适用于最美妙的思想。”说服不仅仅只是一门学问而已，更深层次来讲，它是一门艺术。一个人装备强有力的说服力之后，不仅可以在人生中获得更多的机遇，更能够在生活中给予自己无限的自信与勇气去创造新局面，给自己的人生带来无限的欢喜与挑战。语言的美丽是无形的，就像是女孩素白裙上的一朵小花，绿叶中含苞待放的骨朵，黑暗中翩翩起舞的萤火虫，为苍白无力的说服增添亮点与希望，使他人不由自主地深深折服。

法国著名诗人让·彼浩勒讲过这样一个事例：

一次，他走在巴黎繁华的街头时，看到街口处站着一位衣衫褴褛的老人。老人双目已经失明，正站在街头行乞。可怜的老人不知拜托了哪位路人在旁边的牌子上写下“我什么都看不见”的标语，试图用它赢得人们的同情与施舍，为他慷慨解囊，解自己衣食之苦。然而，路上行人虽多，但大多数的人们只是匆匆一瞥，然后无动于衷地继续大步向前走了。显然，人们觉得他们的钱有更大用途。

让·彼浩勒走到老人身边，询问老人的情况，老人非常愁苦地说道："我已经在这个街口连续等了两天，但分文没得。昨天因为一毛钱都没有得到，致使我饿了一天的肚子，今天上午也还是一分钱都没有得到，一天就要快过去了，如果还没有人施舍我一点点，我只能去其他地方行乞了。"让·彼浩勒听完老人的讲述，看了看他身边牌子上的那句话，遂提起笔，加上了几个字。

到了晚上，让·彼浩勒又来到这个街角，当他再次问起老人的收入时，老人非常高兴地告诉他："不知道为什么，下午给钱的人突然多了起来，我终于能吃饱了。"让·彼浩勒看着老人旁边的标语，欣慰地笑了。上面的标语是："春天到了，我却什么都看不见。"

是啊，春天来了，花儿那么艳丽，可老人却因为眼盲什么都看不见，这致使人们不由得对老人产生了怜悯之情，从而纷纷打开自己的钱夹。

寥寥几个字就能激发起人们这样强烈的情感，语言的魅力可见一斑。一道菜，色香味俱全人们才爱吃；一坛酒，从巷子深处散发出了香味才会吸引人们前去；一个美人，富于才情与美好品质才会更可爱。任何东西都要有底蕴有内涵才能历久弥新，经过岁月的洗礼依然能够屹立不倒。而充满着魅力的语言就是那菜中的"色"、酒中的"香"、美人的"情"，令人心醉也心折。

美国的新泽西州与宾夕法尼亚州相邻，二州曾一同制定了关于降低机动车保险支出的相关法律条文，条文的主要内容是：如果机动车主放弃了对一些交通事故的起诉权，就可以少交一些保险费。一样的内容，但二州的说法却全然不同。新泽西州是这样表述的："除非另附说明，否则将视你为自动放弃了对某些特定交通事件的起诉权。"宾夕法尼亚州是这样规定的："除非另附说明，否则将视你为拥有所有交通事件的起诉权。"同样的说法，在新泽西州有百分之八十的人都选择了有限的起诉权，而在宾夕法尼亚州则只有百分之二十五的人选择了有限起诉权。一样的意思，由于表达方式的不同竟会产生那样不同的效果。这就是语言的技术所转化而成的说服的艺术。

“庄周借粮”中的语言也深深体现出了说服的技术与艺术。

话说庄子家已经有几天都没揭开锅了，迫于无奈，庄子只得去找监河侯借粮去。监河侯听了庄子的情况后，非常大度地说："行啊，没问题。等我把税款都收上来，借你三百黄金。"庄周一听，不对，等到他把税款收上来，自己就饿死了。于是，说道："今儿我在来时的路上，忽然听见大呼'救命'的声音，我找到发声源。原来是遗落在车辙里的一条小鲫鱼，小鲫鱼向我求救：'先生快救救我吧，现在救我还来得及。'我一听，很爽快地就答应了，于是我对它说：'等着，我这就去求见楚王让他把长江水挖开来救你。'鲫鱼听后怒道：'我现在只要一瓢水就可以获救，等到长江水挖开的时候，你还是到鱼市上找那个变成了鱼干的我吧！'我和这条小鲫鱼的命运是一样的，你现在借我几斗粮就可以使我活命，而真要等到税款收上来再借我钱，那你只好去佣工市场找我去了。"监河侯一听，连忙派人把粮食拉到了庄周的家。庄周用委婉幽默的语言与比喻，既切中要害，又不卑不亢，成功借到了粮食，不可谓不技术，不可谓不艺术。

说服艺术对于任何一个想要实现梦想或者达成所愿的人都非常重要。如果没有人说服克拉罗，让她去前线救助伤病者，就不会有红十字会的成立；如果爱迪生没有说服他的投资人，电灯是不可能被成功发明并应用的，也许人们现在还在用煤油灯照明；如果莱特兄弟没有说服政府官员资助他们完成飞机发明，也许人们现在正坐在轮船上赶往千里之外的家乡。说服是技术，也是一门艺术。正是因为说服，人们才能离自己的梦想与希望更进一步，才能实现自己的壮志与抱负。说服力的魅力就在于它能够让人们追随着自己，帮助自己一同完成目标与愿望；说服力的魅力就在于，通过自己的说服，不但赢得了他人的支持还受到了他人的推崇与喜爱。而正是这种技术与艺术的完美结合共同塑造了说服术的魅力与伟大。

3. 四种方式，帮助你提高说服别人的能力

人有很多想要拥有的东西，但毕竟能力有限，因此当自己没有能力获取时，便可以通过他人的力量来达成所愿。而要想获得他人的支持与帮助，就少不了说服。说服成功就会得到支持和帮助，反之，则不能。同样，也会有他人来向自己寻求帮助和支持。由此可见，每个人的生活都是说服与被说服的综合与统一。很多人都没有意识到这个社交中最常见的活动，于是就在不知不觉中被他人成功说服了。

通过自己的努力达成所愿，虽然很有成就感，但其中所要付出的艰辛与努力也是难以为外人道的，就像荒岛上的鲁滨逊，一切自给自足，但所面临的挑战也不是每一个人都可以完成的。而通过他人的力量帮助自己达成所愿是一种事半功倍的方法，借助他人的知识与财力，也就具备了可以在行业中、生活中取得更大成就的能力。而如何成功地说服他人来帮助自己是需要技巧的，这里先提出四个“P”来帮助大家提升说服他人的能力。它们是 Power、Positioning、Performance、Politeness，分别代表着权利、定位、表现与礼貌，这所有的一切最后都会归于 Perception——认知。

（1）权利。

拥有权利就能够影响他人并让他人按照你的意愿行事。无论你是否愿意相信，一个人在别人看来所拥有的权利与影响力越大，说服起他人的过程也就越为容易，而不论这种影响力是真是假，都会给人造成一种潜在的压迫感。

权利分为很多种，如果一个人可以为难他人，并使他人轻易不敢惹他生气，他就是拥有了强制性的权利；如果一个人可以带给他人一定的奖赏与奖励，他人知道可以在他这里获得好处，他就拥有了奖赏性的权利；如果一个人的工作职责是希望他人能够按照法定条件做事，他就拥有了法定性权利；如果他人因为一个人的专业素养以及知识经验方面的积累而尊重他、爱戴他，那么他就拥有了专家性权利；如果他人只是因为喜欢一个人而为他做事，他拥有的就是参照性权利。一个人所具备的权利，常常会让他人对其产生依赖性，这种依赖性的根源在于这个人的重要性与稀缺性，更是体现在了他的不可替代性。

很多年前，曾有一起轰动世人的新闻：

一名男子向一家知名餐厅致电，要求经理接听电话，经理接起电话。这名男子对经理声称自己是“考斯特警官”，并对经理说：“在你们的餐厅有一个女店员，这名店员在上班之前曾抢劫过一个人，现在我要求你解雇这名店员，并在解雇之前对其搜身。”经理照办后，“考斯特警官”又继续提出了要求：“掏空这位店员的口袋，并将她的头转向墙壁。”经理又按照其要求照办了。接下来，更过分的要求来了：“脱掉女孩的衣服，让她张开腿，起跳。”经理命令女孩按照“考斯特警官”说的话做，女孩妥协了。

新闻的最后，女孩既没有抢劫，男子也不是“考斯特警官”，一切皆是男子的骗局。这位男子仅凭电话中自称警官，就轻而易举地让那位经理按照他的要求做了那些事，而经理对店员发号施令，因为他惧怕“警官”的权利，同样，店员惧怕经理的权利，这种权利的施压造成了这个闹剧式的新闻，想想实在令人可悲又可笑。

由此可窥见，权利在人们心目中的影响力有多么深远。所以要努力让自己成为有能力、有魅力，可以给他人带来欢乐与利益的人，因为一个人的权利越大，其说服力也就越强。

（2）定位。

这里的定位是指当一个人不在人们身边时，人们会怎样谈论他。一个人在其他人心中是怎样的定位，在很大程度上可以决定其对他人有多大的影响力与说服力。一个人的言行会在人们心中留下印象，人们会凭此断定他的为人，并根据这点来判定他在自己心中的地位如何。

民国时，阿胶大多通过运河流通至江浙一带，或者拐道进入云贵川等地。通了铁路之后，山东则成为了交通枢纽，东阿县的阿胶产业依托着这份地利，形成了前店后厂的生产模式，很多沿线的小作坊也应运而生。

《大宅门》中的白七爷被他的母亲二奶奶赶出家门，来到山东后看到的就是这样一种景象。白七爷虽然桀骜不驯，但到底是出生在医药世家，心中有杆秤，于是想到要整合这些小作坊，将它们联合成整体发展，壮大规模。但白七爷此时没有钱，怎么办？只好去当铺当银子。这个桥段非常经典，白七爷手捧着包了里三层外三层的盒子找到当铺老板，骗其说这是白家的传家宝贝，愣是从掌柜的手中当来了2000两银子。就是靠着这些钱，白七爷收购了沿岸的作坊，自此称霸一方。后来去当铺赎“宝贝”时，众人才明白，哪里有所谓的“宝贝”，其实那只是白七爷的一泡屎而已。

白七爷为什么仅凭一张嘴，一个被包裹得里三层外三层的盒子，就能从当铺掌柜的手中当来银子？除了白七爷是白家老号的少爷之外，掌柜更是因为看重了白七爷的品性。都知道白七爷平日虽然叛逆嚣张，但人品是毋庸置疑的，不会出现欺诈、坑蒙拐骗性的事件。也正是这份品性与家族背景，让掌柜的甚至连“宝贝”是什么都没看就敢将千两白银给了白七爷。

由此可见，一个人平日的表现如何，与他在众人心中的影响力有着直接的联系。也就是说，一个人的言行举止，决定了他在别人心中有着怎样的定位，而这个定位决定他对别人有着怎样的影响力与说服力。所以，一个人必须懂得约束自己的言行，对自己的言行负责，这样才可能给众人留下好印象，在需要说服他人的时候取得意想不到的效果。

（3）表现。

这里的表现是指一个人在他所属的行业或者专业内，有着怎样的成绩与能力。很显然，一个德高望重的专家要比一个初出茅庐的愣头青有影响力和说服力。人们评价一个人主要的依据，在很大程度上和他平常的表现分不开。一个人在其所从事的专业范围内能够做到多出色，他的荣誉就会有多少，当一个人的业绩做到一定程度，其荣誉积攒到一定限度，在很多时候，甚至不用他说出口，单凭着他的业绩与信誉就能够完全地说服对方了。可以说，正是这种声誉加强了他在人群之中的影响力，使他在人群中充满了威望，人们会因着这份威望而对他产生不由自主的信任与依赖，更会由衷地对其产生钦佩之情。这种情感愈深，人们就愈是会接受他的建议，满足他的要求。

就像一个学生，家长的话可以不听，朋友的话可以反驳，但老师的话一定会尊重。就像一名员工，面对工作经验比自己丰富，人生阅历比自己多彩的前辈，一定会从心底里发出一股子尊重与崇敬。学生为什么要听老师的话呢？因为老师在学识上要比自己专业。员工为什么要尊重前辈？因为前辈在经验上要比自己丰富。

为什么孔子门下会有那么多学生，那些学生又都对他崇敬有加？为什么红学家们仅凭自己对《红楼梦》的研究与认识，就能够在电视荧屏上侃侃而谈，成为众多人推崇的“大家”？这都是因为他们在自己的专业、学识范围之内做出了超越于他人的成绩。人们因为他们广博的学识以及对于世界与人生的深刻认识而尊重他们，正是因为他们在专业范围内能够做到“十有九对”才减少了人们对他们的质疑。而这种质疑的减少显然也扩展到了更大范围：在生活中，人们遇到问题时，愿意向他们请教；在思想上愿意跟随他们；在人格塑造中自觉或不自觉地去模仿他们。而当这种认同已经在人们心中根深蒂固之时，再对他们进行说服简直可以说信手拈来、轻而易举。

（4）礼貌。

人们想要做一件事情无非有两点原因：他们想做；他们不得不做。如果一个人，待人接物温和有礼，就会让人感到很舒服，给人留下好印象。他人的礼貌相待会让一个人觉得自己受到了尊重，并会将这种尊重反馈给对他以礼相待的人。也就是说，一个人在尊重他人的时候，也为自己赢得了一份尊重。同时，他人会基于这份尊重愿意为他做一些事，而这种自发的想要为某人做事的心愿，远远比被迫地去做效果要强得多。

“好言一语三冬暖，恶语伤人六月寒。”人们都希望自己能获得他人的尊重，但当一个人在对他人冷言相向时，他人的被尊重感就会荡然无存，这样，他人自然会对这个人产生抵触情绪，从而不会配合他的工作。如果一个人的说服没有好的开始，当然也就很难有好的结果。

对于如何说服他人，达到说服的目的，其实，说服的终极手段都是攻心为上，所以想要说服一个人，就要先去改变他们的Perception——认知。因为有什么样的认知决定着什么样的效果，如果一个人能改变别人对你的认知，也就改变了他在大家心中的定位，而当这种定位提升时，他也就获得了他人的尊重，有了一定的话语权。

4. 如何通过提问影响对方的思维

“迈克尔六问”是目前全球很流行的说服模式。这种模式是，说服者通过提问快速将对方引入到自己提前所预定的思维模式中来，从而让对方在不知不觉间已经按照他的思路去思考问题。而通过这种提问，许多人被成功地说服了。

说服的方式有很多，提问的方法也有很多，但不是每一种方式都能够奏效，也不是每一种提问的方法都能够达到自己的目的。所以，掌握一定的问答技巧，巧妙地将对方控制在自己所预想中的重点周围，让双方谈话的内容紧扣主题，这种方式对成功说服他人大有裨益。现在，仅以四个类型的提问来向大家展示提问的巧妙之处。

（1）权利式提问。

每个人都有自己不愿意回答或者对某一领域有抵触的情况，碰到这样的情况对于提问者与被提问者来说都是一件尴尬异常的事，由于气氛的尴尬以致许多谈话很难继续进行，而这就为双方的沟通带来了阻碍。如果说服者不能挽回这种局面，那么就要在出现这种局面之前做充足的准备，以避免这种情况的发生。解决这一问题的方案之一，就是利用权利式提问的技巧来提问，这种提问的妙处在于，不给对方留有说“不”的机会。

所谓的权利式提问就是指发问者通过向被问者提出一个问题，来获得被问者的允许或者允诺提问第二个问题的权利。而当提问者向被问者提出了第二个即便是他很不想回答的问题时，出于之前他们已经做出的允诺和允许，被提问者不得不回答提问者所提出的问题。典型的权利式提问包括：“我可以问您一个问题吗？”“我可以向您请教一件事吗？”“关于这点，我能具体谈谈自己的看法吗？”而面对这些问题，大多数的人都是很难拒绝的。

通过权利式提问得到对方的承诺后，提问者就可以向对方询问一些其不好回答的问题或者可以向被提问者阐述自己的观点了，而因为承诺的关系，被提问者也很难不去回答提问者提出的问题或者拒绝倾听提问者的阐述。所以当一个人有一些结论或者敏感性问题需要向对方诉说，又害怕遭到对方直接拒绝时，不妨利用权利式提问的方式，以得到他的允诺后再继续提问，这样就会避免很多尴尬情形的出现。

（2）探究式提问。

探究式提问也称探索式提问，是指发问者所提出的问题都围绕在一个重点周围，所提问的问题可以是一个也可以是多个问题相配合。但使用探究式提问技巧时，要注意将所问的问题都围绕在重点周围，清楚自己的最终目的，也就是说，提问者的一切提问，都是为能够说服对方，接近自己的最终目的而服务的。

虽然探究式提问可以向对方提问多个问题，并利用多个问题相互之间的配合影响对方的思维，但这并不表明提问的问题越多越好。恰恰相反，如果提问者的问题过多，不仅会使自己偏离重点，混乱自己的思路，也会使对方搞不清谈话的主题而产生不耐烦的逆反心理。所以在提问之前，提问者一定要对自己的目标与重点有清晰的了解，做好充分的准备，根据自己的目标设定好所要提出的问题，这样，才能达到控制对方思维，让其一直跟随自己的重点而转动的目的。

在提问前，提问者除了要对所提问的内容多加斟酌之外，还要对提问的顺序做出恰当的安排。通常，在向对方提出问题时，要把简单的、对方容易回答的问题放在前面，然后逐步深入，让其离主题的内容越来越靠近。这样就会在不知不觉间，让对方放松警惕，从而使对方在轻松的氛围下减小压力。当然，在提出问题时，提问者不能因为提出的问题少，就在每个问题之间有很长的停顿，要注意保持谈话的连贯性，这样，对方才会自始至终地处于思考状态，认真回答提问者所提出的问题。

（3）引导式提问。

引导者，指引导向也。在沟通中，不是被提问者所有的回答都是提问者想要的答案，这就需要提问者对对方进行引导。在提问者想通过提问的手段了解一些信息时，不妨将这些信息先自行整理，挑出重点，然后根据这些重点进行有目的性的有针对性的提问，这样提问的效果就会好一些。而这种提问方法被称之为引导式提问。

现在非常流行相亲，但是在相亲过程中，如何给对方留下一个好印象成了大问题，许多人就是因为不善言辞而错失了良机。例如，你想了解对方的更多信息时，如果直接问对方："你老家在哪，家里面还有其他的人吗？"对方肯定会觉得你太过直接或者不礼貌。但如果换一种方法提问，效果可能会完全不同。“听你的口音，觉得你像南京的？”对方如果说是，那么你就确定了自己的猜测，对方如果说不是，那么他也肯定会说：“是吗？可我不是南京人，我是……”这样一来，你既能达到自己的目的也不会给人留下唐突的印象。“和你聊了这么长时间，感觉你好细心，一定是平常在家当哥哥总照顾弟弟妹妹吧？”对方肯定会做出回应，而你不费吹灰之力就知道了对方家中的情况，而且还在交流之中不着痕迹地赞美了对方，而这样也会给对方留下美好的第一印象。

引导式提问就是根据一定的信息量，做出假设，然后，再将假设内容抛给对方，而对方反馈给你的就是也正是你想要了解的信息。所以说，通过引导，将对方的思维引向谈话的重点，能够很好地完成信息的收集工作，让提问者达成所愿。

（4）确认式提问。

在与人交流中，会遇到各种不同的人，有沉默寡言者，有高谈阔论者。可是当这些特质使交流变得困难时，要怎样解决呢？以高谈阔论者为例，这些人在说话时，往往洋洋洒洒一大篇，但又让人很难找到他们所要表达的重点，即使对其多次进行提醒，有时也于事无补。遇到这种情况，就可以运用确认式提问的方式与之交流。

概括来讲，确认式提问就是将对方所说的内容进行一个简单总结，然后再向对方复述出来，得到对方的认同。但这种总结并不只是总结对方的内容，而是在此基础之上加入自己的理念，将自己的理念与对方的语义相融合，也就是说，在得到对方的首肯后，无论之前对方说得多么天花乱坠、天马行空，你都可以断定，你所做的总结没有脱离你想要讨论的主题。

正所谓“具体问题，具体分析”。没有任何一个技巧是适用于所有谈话、适用于所有人的。在说服他人的过程中，要根据不同的人、不同的谈话内容调整自己的提问方式，并能将各种技巧相互转换运用，做到融会贯通，这样，才能做到只利用提问的方式，便可以将对方的思维掌控在自己的手中，从而达到成功说服他人的目的。

Chapter 2

说服训练，

要想说服别人先说服自己

俗话说：“工欲善其事，必先利其器。”

想要成功地说服别人，首先要说服自己。只有说服了自己，才有可能去说服别人。针对自己的某一观点，连自己都不相信，是很难让别人相信的。

为了说服别人，要努力让自己去接受这样那样的观点，从思维上形成稳定的认识。只有思维上的认识稳定后，才能形成可靠的行动力。当然，要想说服别人也不是一件简单的事情，需要很多方面的才能。首先，要有出众的口才。因此，口才训练是十分有必要的。然后，要有一个非常好的心态，能够从容地面对各种随时出现的问题。再次，要学习合理的身体表演。与人交流，要合理地运用身体的各个部分，准确地传达出想要表达的信息，使得信息的表达更为直观、立体，从而让别人最大可能地接受自己的观点。最后，需要讲究语言的技巧，充分利用各种修辞手段，让表达显得更为儒雅、充分。

说服别人，就是为了实现信息之间的交换，让别人接受自己的观点。除了充分的信息准备，更需要合理利用各种技巧，让表达更为流畅、自然，在潜移默化中让别人认同自己的观点，从而接受自己的观点。

1. 说服自己，先从思维训练开始

很多时候，我们在谈判中落得失败的下场，只是因为没有自信，自己的观点都没办法说服自己。所谓说服自己，不是要强制改变自己的心智模式和思维方式，而是要克服积习已久的定向思维，通过一定的心理暗示，让自己尝试去接受新的事物和新的思想。有的想法或者条款，连自己都接受不了，更不要说去说服别人。所以说，在说服别人之前，一定要努力让自己相信这个想法是合理的，是有可行性的——只有自己接受了这种条件，才有可能成功地说服别人也接受这种条件。

想要说服自己，就要对自己进行心理暗示，学会身份置换。所谓的身份置换，就是站在自己的立场上的同时，还要站在对方的角度上去思考问题。站在自己的立场上，自然会明确地知道自己的目的是什么，如果要达成自己的目的，也需要知道对方如何去做，做到什么程度才能符合自己的心理预期。

在谈判时，要站在对方的立场上，对别人进行全面细致的了解。比如，了解对方的实力、性格、目的、喜好——知道了对方的实力，才能对比出各自的最大需求和让步条件；知道了对方的性格，才能由此推测出对方在谈判时将要采取什么谈判方案和技巧及采用何种谈判风格；知道了对方的目的，才能明确地知道对方的底线是什么；知道了对方的喜好，才能在谈判中投其所好，创造出愉悦的谈判氛围，从而更好地让对方放松警惕，实现自己的最终目的。

在这个基准之上，看清自己的利益与对方有什么冲突，从而想出各种办法去解决这种冲突。自己需要怎么去做，开出什么样的条件才能化解这种冲突，而所开出的条件与自己的最终利益是否再次造成冲突，是否与自己的利益相悖。这些都是需要认真考虑的事情。只有制定出相应的谈判方案，才能分得清自己能够对哪些条件做出让步，而哪些东西又是必须要坚守住的。

知己知彼方能百战不殆。在想要说服别人之前，一定要对别人进行充分的了解，这是必须要做的功课。因为这是一种前提，一种能够成功说服他人满足自己利益需求的前提。

在身份置换时要对谈话内容做出模拟。模拟内容越是充分，在实际的谈判中就越能了解关键所在，从而提前找到解决关键问题的方法。因此，才能在谈判结果中有所斩获。而一旦你对谈话过程中的问题没有更加清晰的了解，给出的答案和条件就会陷入驴唇不对马嘴的状态。当对方听完后，会感到莫名其妙，甚至是一头雾水。这个时候，对方就会对你的能力产生质疑，甚至会对谈判合作的诚意产生动摇。当对方失去谈判的兴趣，或者说意识到利益无法得到满足时，整个谈判就会慢慢地走向失败。

可能你会说，我提前也做出模拟了，但到最后怎么还是失败了呢？毕竟，想象中的情况和实际情况是有差距的。你真的能把你模拟中的对话在实际中全部说出来吗？会说得流畅而富有逻辑吗？想要获得肯定的答案，在模拟过后就得针对口才做出相应的思维训练。

有一条口才思维训练的捷径就是自说自话训练法。自说自话训练法的具体表现就是：将看到的材料、听到的话语、写好的演讲进行复述，没有观众，只有自己一个人练习。这种方法的重点就在于“自我”，即需要你自己去练习、揣摩，独立地完成整个过程推演。这种方法不仅简单，而且效果显著。它主要的训练过程是：

（1）自备。

所有的材料都要自己准备，可以是一篇文章，可以是一段演讲视频，只要你可以将它复述下来就可以。但所要准备的材料都要为以后的讲述做准备，这就需要你明确目标，让你准备的材料适合讲述；注意条理，把材料的中心思想和每段的意思都要弄清楚，最好可以编写成提纲，以便时刻提醒自己；分清主次，这样在讲述的时候才能抓住重点，流畅自如。

（2）自讲。

要为自己选择一个可以安静地“自说自话”的地方，将所准备的材料复述一遍或几遍，而且在复述时要做到：真、动。只有将复述当作是真正的表演或演讲，才能够达到训练的目的与效果，“假戏真做”才能一次比一次进步。而在复述时还要富有情感，用情感塑造形象，没有感情，话就无法讲好，也就没有感染力。在讲述的时候，还要注意眼神、肢体之间的配合，协同动作。这样不仅可以加深讲述的印象，还能够加强你的情感，为今后能够熟练地掌握肢体语言打下坚实的基础。

（3）自讼。

将自己的讲述进行录音，然后辨别自己的中心意图是否突出？感情是否饱满？语句是否通顺自然？声音是否洪亮？总之，要将自己的不足统统记下，这样才能在以后的讲述中注意到自己存在的问题，并及时加以改正。

（4）自结。

定期进行自我总结，不断地吸取经验和教训，为下一次的训练做准备。可以说，只有做到步步为营，才能练就一副好口才。

实验证明，这种口才训练方法是科学而有效的。这种方法虽练嘴，但更主要的却是对思维的训练。训练自己说话有条理，主次分明，可以锻炼思维，使思路变得更为清晰、透彻。而将准备的内容讲出来，在此过程中就要学会遣词造句，这样能使训练者熟练地使用词汇和语句，能根据表达的需要做出灵活的改动。长久地练习下去，训练者思维的灵敏性就会得到提高，口头语言的表达自然也会变得更加富有逻辑、流畅、自然。而在“自说自话”的过程中，不自觉地就会把周边的环境假想成观众。经过多次的模拟练习，就能够让自己镇定自若，云淡风轻。总之，只有将自己所想的内部语言无瑕疵地转化成说出口的外部语言，才能够成功地说服他人。

2. 说服别人，先从训练口才开始

说服能力必须从口才谈起。一个人只有拥有好口才，才能明确地表达出自己的意图，剖析对方的处境，从而达成双边协议，为自己争取最大的利益。

虽然几乎人人都会说话，但不是每个人都有好口才。好口才的标准有：一是普通话要好，发音要准确，如果大家都听不明白你在表达什么，何来对话；二是声音条件要好，说话带有磁性，这样才能富有感染力地号召他人听你在讲什么；三是要有丰富的知识储备，这样才能明确地表明你的中心思想；四是讲话时要有活力，语言态势、表情都要用到位，因为你的交流沟通不是在进行木偶表演；五是要有自信心，不害怕讲话，不害怕交流，勇敢地说出自己的意愿或目的；六是讲话要有逻辑性，连贯，争取一气呵成，不给人云里雾里的印象；七是要有随机应变的能力，不是每场演说或是沟通你都能提前准备好，也不是对方的所有回答或者提问都在你的意料之中，所以这就要求你要有临场应变能力。

好口才的标准虽然严苛，但通过训练是完全能够实现的。通过以下的训练法，你就能拥有好口才：

（1）快速朗读。

快速朗读可以使你的口齿更加流利。先找到合适的文章进行朗读，第一遍的速度可以稍慢一点，因为你要对文章进行了解并找出有困难的地方进行矫正。当你对文章熟悉之后，就要快速地朗读，而且速度要越来越快，达到你阅读的极限为止。即便是快速朗读，对自己的语音、语调、吐字发音也不能疏忽，要快而不乱。不能因为速度而把质量丢下，要无比严格地要求自己，这样才能在训练之后达到口齿伶俐、发音清晰的效果。而在此过程中，你也可以将自己朗读的声音进行录制并监听，不论出现什么问题都要及时进行总结并改正。

速读法的优点是不受时间地点的限制，没有人员的要求。只要你想，可以在任何时间、任何地点进行朗读，并且无需他人的配合或帮助。

（2）背诵法。

“背”的目的在于记，即增强你的记忆力；“诵”的目的在于表达。如果你记住了一篇文章，并能够理解其意思，在“诵”的过程中就能够声情并茂地表达出来。而所谓的背诵法需要经过以下的步骤：第一步，挑选出合适的文章；第二步，对文章所表达出来的情感以及意蕴加以分析和理解，感受到作者所想要表达的思想感情，并调动自己的思想感情，努力做到感同身受；第三步，对文章进行处理，找出重点，划分停顿；第四步，在准备工作都已经做好的条件下进行背诵，可以先将文章背下来，在背熟了的条件下进行朗读，使自己对作品有更深刻的认识，同时也要矫正自己的发音；最后，背诵时要声情并茂，准确地背，准确地发音，准确地表达情感。可以说，背诵法的秘诀就在于一个“准”字。

（3）复述法。

复述法简单地说就是重复别人的话。其目的在于锻炼你的记忆力和反应能力，并且还要注意语言的连贯性。其方法是：先选择一篇短小并带有一定故事情节的文章，让发音较准、朗读水平高的人进行朗读，朗读过程中要进行录音。如果你身边没有这样的人，也可以自己朗读，然后听一遍自己的录音的同时复述一遍内容。如此循环往复，直到你能够将这篇短文完整地复述出来。复述时，你可以将第一次的复述对比原文，看你能复述到什么地步，再预测要进行多少次复述才能够和原文一样。复述法和背诵法不同，复述法的重点在于“述”，也就是锻炼你语言的连贯性。在进行练习之前，一定要挑选适合自己的文章，便于自己对文章的记忆和复述。第一遍，只要把文章的基本情节复述出来就可以；第二遍，在此基础上要求你能够还原一些人物对话和环境描写；第三遍，要求你能够基本准确地将人物语言和描写语言进行还原。根据文章的选定情况，可以将要求制定得更为具体。但不要心急，一开始就选择句子较长、情节较少的文章进行复述，不利于你的训练，容易打击你的自信并增加你的训练难度。“欲速则不达”，要逐步地提高才能将地基打稳，不让你在身处高处时摇摇欲坠。

（4）模仿法。

每个人都曾经模仿过别人，也都是在模仿之后，才找到适合自己发展的道路，从而走向成功的。生活中，我们经常模仿身边的人，可能今天模仿隔壁老大爷走路，明天学着卖豆腐的吆喝。电视上，各种名人的表现也都各有千秋，可能你今天模仿黄健翔那充满激情的呐喊，明天模仿周立波的海派清口。模仿无处不在，在模仿的过程中你也在进行学习。在进行口才训练的时候，我们也可以进行模仿。你可以模仿专业人士，将播音员或者讲解员的声音进行录制，供你进行模仿；你也可以进行专题模仿，几个小伙伴聚在一起，每个人讲一个故事，由其他人进行模仿，看谁模仿得最像。当大家一起模仿的时候，也就放下了顾虑，在娱乐中无形地成长。而为了刺激大家的积极性，还可以由众人票选最佳模仿者进行适当的奖励。在准备过程中，要选择新奇有趣的故事进行讲述，这样可以激发人们的兴趣，使他们积极参与到练习当中来。生活中处处有模仿。你可以做到随时模仿，但模仿不是玩乐。在模仿中要注意到被模仿者的声音、语调、语气、语速甚至动作的变化，起承转合，力求模仿得准确，并达到超过对方的目的。模仿的时间长了，不仅能增强你的表达能力，而且能增加对各行业各种知识的了解，增加你的词汇量和知识储备量。模仿法不仅简单易学，而且模仿的过程充满了趣味性，见效也非常快。这种方法，尤其适合年纪较小、贪玩但学习能力强的青少年。

（5）角色扮演法。

角色扮演法要求我们像一个真正的演员那样去演戏，不同的角色，不同的性格特点都要去尝试。选择一篇人物描写非常具体的有情节的短文或小说戏剧为材料，对材料进行分析。尤其是人物的语言特点，对人物的性格进行剖析，表演时要注意表情、动作与人物特点是否贴合。根据剧中人物的多少，可以让自己周边的人参与进来，也可以一人饰演多个角色，更加充分地展现不同人物的语言和形体特点。它不仅要求你的声音洪亮，感情饱满，还要进行惟妙惟肖的表演。对于一般人来说，还是有一定难度的。但练的次数多了，不仅会加强你对语言的适应性，久而久之，还会使你形成自己的语言特色，会使你的身体语言与口语配合得更为自然、得体，让你的表达更具有煽动性和感染力。

3. 想要拥有好口才，你还要训练出一个好心态

很多人都在网上吐槽：看见自己的男神或女神了，太激动，连话都说不出来了。难道是他们丧失了说话的能力吗？非也！其实，只是他们非常紧张，以至于语无伦次甚至不敢开口。连开口都做不到，更别遑论说服别人了。

口才不像其他能力，它不在于你会不会，而在于你敢不敢。想要说服别人，并且做到谈笑风生，首先要塑造良好的心态，强化你的心理素质——只有心情放松，谈吐才能自然流畅。如此一来，口才的提高也就是顺其而然的事情了。

心态的训练要注意难度的设置、适度的激励和快速的节奏。

一开始，难度要小，不能一口吃成一个胖子。只有设置的目标能够让自己看到希望，觉得自己经过努力很快就可以达成，才会有动力去进行训练。

循序渐进，才能水滴石穿。如果一开始的难度设置就非常大，让

自己觉得难以跨过，就会望而生畏，从而打消自己要突破的勇气与决心。原美国总统顾问柯美亚先生是个严重的口吃患者，他为自己制订了一个非常“小步子”的计划去克服口吃，一举成为了一个演说大家。那他是怎样做到的呢？首先，他的目标是不出声地讲话。每当夜深人静时，他就默默地自说自话、自问自答。但他对自己的要求非常高，对自己的口型、表情、动作都力求精准，在此过程中，是不发出声音的。那他为什么要这样做呢？因为没有旁观者，可以心无旁骛，从而打消对他人的顾虑，就能够按照自己的心意随心所欲地说话而不会变得吞吞吐吐。当他觉得无声说话已经可以时，就会过渡到小声说话。而练习一段时间觉得小声说话也没有问题后，就逐步地将音量增高，直到恢复到正常的说话音量。

音量恢复了，但还需要与人交流。他先对着镜子和自己交流，然后和个别人交流，和一部分人交流，再到大庭广众之下进行演讲。就这样，他一步一个脚印地走了下来。

把每一次的目标设置得很小，才能有勇气跨越，跨越之后才会有自信去进行下一阶段的训练。正是这种“小步子”的训练，使柯美亚居然能够从一个严重的口吃患者走到了超级演说家的位置。据此来说，人们完全可以借鉴这种方法。但如果一开始他的目标就设置成演说家，相信他在一开始就会遭到沉重的打击，并且有可能从此一蹶不振，从而丧失掉在大庭广众之下说话的信心，甚至终生都会留有这样的阴影：我还没有准备好，我不行。而当你面对集体讲话感到害怕时，就可用这种小步子的原理，先练习和小部分人讲话，而且话题要围绕自己最擅长最喜欢讲的部分开始。这样你就会讲好，从而拥有信心，进而使自己讲得越来越好。

当你的口才进步时，或者说你的“小步子”已经迈到终点时，一定要给予自己最大的鼓励。嘉勉自己，使自己形成一种好的心态，让自己变得更加自信与勇敢。最好多人一起训练——当你有进步或达成短期目标时，其他人会给你送上祝贺，并为你鼓掌，称赞你的表现，强调你的优点。而不论是掌声还是鼓励，都能让你产生强大的自信，让你有动力去不断地超越自己。

快速的节奏是不要让你放松。人们很容易在得到一些成绩的时候懈怠自己，久而久之，就影响到了训练的效果，甚至有些还会就此终止了训练。目标小，所以在达成时不要就此满足，一定要快速地朝着下一个目标前进，否则什么时候你才能取得明显的进步，成为拥有好口才的人？这三种设置相配合，你的进步将是非常迅速的，能够很快地消除制约口才的瓶颈——不良心态的困扰，变得自信与勇敢。这样你的口才才能得到巨大的飞越，才能在谈判时成功地说服他人。

心理素质的训练，不仅要注意将“小步子、大鼓励、快节奏”三点要素配合运用，还要对如何克服心理障碍做出培训。只有将心理障碍克服，才算真正拥有了好心态。那么，利用什么样的方法才能克服心理障碍呢？

（1）呼吸调节放松法。

缓慢、深深地吸气并挺胸，使空气充盈整个肺部约花费 4 秒钟的时间，吸气时保持节奏均匀并产生舒适的感觉。吸满后不要立即呼气而是让空气在肺部稍加停顿，但注意不是憋气，这种停顿会让你感到舒服而轻松。停顿过后，缓慢地呼出。如此做完 10 次，你就会发现你的紧张感已经被平复了。

（2）转移注意法。

转移注意法是一种调节方法，属于心理学范畴。当人们处于紧张状态时，都会下意识地想要逃离这种状态，或者想要把这种紧张的状态强压下去。但紧张是不可人为控制的，就像是弹簧，你压得越用力，反弹得也会更彻底。所以当你进入到让你紧张的环境或者情境时，转移注意力是最好的办法。就像天平，你把所有的重量都压在一个盘子上时，自然会有倾斜，但当你把它均分为两份时，天平就会取得平衡。同样的道理，当你把注意力放到其他事物上时，你的紧张感也会得到均分，从而降低了整体的水平。散散步、聊聊天，都可以很好地平复你的紧张心情。

（3）表情调节法。

你的情绪会影响你的表情，反过来说，你的表情同样可以影响你的情绪。按照咧开嘴笑、微微的笑、面无表情、皱起眉头、下拉嘴角的顺序，进行表情的变换，将顺序反过来再做一次，你就会发现你的心情已经出现了变化。第一套动作做完，你会陷入到压抑、不愉快的心情之中；第二套表情做完，你会发现你的心情已经在不知不觉间得到了好转。所以当你感到紧张、抑郁、不快的时候，不妨做出微笑的表情，使自己拥有好的心态。

（4）暗示调解法。

自觉地诱发良好的心态，保持稳定，并改变原有的消极心态，是暗示调节法的实质。通过内心的想象，将一切变得美好，从心理入手引发生理上的一系列变化，以此来起到缓解压力、调整情绪的目的。暗示过程中，如果用想象来代替通过自我意志来进行的暗示，效果可能会更好。选择好暗示的内容也同样重要，积极向上的内容更有利于我们塑造健康的心态。

4. 说服别人不仅需要好口才，还要好表演

7% 的言辞 +38% 的声音语调 +55% 的动作表情，才能完整地表达出一条信息。也就是说，去掉 7% 的言辞，剩余的声音、表情等传播手段要占到 93% 的份额！表情动作均属于身体语言，身体语言相较于口头语言来说，有这样几方面的特点或者说是优势：基本上人人都具有运用身体语言进行沟通的能力；口头语言是间断的，人毕竟不能一直说话，但身体语言基本上可以做到不间断，不停息；身体语言可以实现跨区域、跨文化的沟通，就像现在用拇指捻动食指就代表了钱，而将拇指和小拇指伸出，其余手指蜷缩回去放在耳边就是打电话的意思；身体语言很容易学习，口语则不然。种种特点都显示了身体语言所独有的魅力与优势。

在说服别人的过程中，如果你对声音、语调、语气有所重视，你就能拓宽听者的听觉感受；如果你对表情、肢体动作有所重视，你就能拓宽听者的视觉感受。而当听者的听觉与视觉感受都被你调动起来时，你离成功地说服对方就不远了。但遗憾的是，很多人都忽视了对此方面的训练。不难想象，如果你对此作出训练，将会较之前多开发出 93% 的潜力！所以如果你想说服他人，成功地向他人传递出你想要表达的信息，就要在训练口才之余再进行表演的相关训练。

首先是对内在表演的训练。

（1）当众孤独训练。

当众孤独是表演课中的一个训练，意为：当你在表演的时候，虽然感觉到了观众却又要不被观众的反应所左右，沉浸在自己的表演氛围里，才能真正地融入进角色，完成好表演。可以说，此时你就是全世界。即使在某一瞬间你曾被其他事情所吸引，但能够马上调整自己，重新进入到自己的世界当中。孤独训练可以帮助你克服胆怯。当你沉浸在自己的世界中时，就不会再被他人的看法所左右。也就是说，此时的你敢于说话，敢于说自己想说的话而不再担心其他人会不会对你有其他的想法。同时，当众孤独训练可以帮助你集中注意力，让你不被其他的因素所困扰，只专注在你的目标上，更集中地进行对话。

（2）情绪记忆训练。

以人的情绪和情感作为记忆点，情感越充沛，记忆得越深刻。这种记忆可以使你牢牢地记住，你在当时所处情境时饱含的情感。所以加强情绪记忆的训练，可以使你在诉说、演讲时情感更充沛、真实，给人以强烈的认同感，这样人们就更容易被你的情感所打动。

其次是对外部表演的训练。内在表演训练虽能够从内在使你的表演得以提升，但这个过程比较缓慢，而外部表演训练则能让你的表演进步得更表象化。外部表演训练主要包括声音、表情和态势语的训练。

（1）对声音的训练。

为什么播音员的声音优美有力，这是因为他们接受过科学的呼吸方法的学习和灵活的气息变化的训练。呼吸是发声的基础，科学的呼吸方法是胸腹式联合呼吸法，而平常人们所用的呼吸法都是胸式呼吸，这种呼吸方法发出的声音比较细，而且不稳。胸腹式联合呼吸法的要领是吸气时全身要放松，吸到肺底，然后将两肋打开，呼气要稳定、持久并且注意到对空气的及时补换。除了呼吸方法，还有对共鸣方法的练习。发声练习主要以口腔、咽腔、喉腔共鸣为主，吸气要柔和而平缓，提前在丹田处将支点准备好。发声时，将上腭尽量向上提，放松舌根，后槽牙也要稍微打开，力求声音达到圆润、明亮的效果。吐字归音方面也要做好练习，这样才能使说话内容连贯，不会出现让人听不清、听不准的现象。而练好吐字归音需要吐字用力，立字充实，归音干净。长时间地练习就会达到字正腔圆的效果。

（2）对表情的训练。

表情与说话内容的配合最为方便，能够把人们内心深处的想法像镜子一样表现出来。所以，表情能够成为超越区域与民族的交际手段之一。做表情训练之前要先认识自己的表情，对镜做出喜怒哀乐等具有代表性的表情，而能够做好后要将这几种表情录制下来，然后对着视频观看你此时的表情是否真切地表现出了你的情感，然后，再对着镜子做表情的改进。在此过程中要注意脸部肌肉的状态，以便在日常生活中加以运用。人们的心情不会仅仅只有喜怒哀乐这几种，所以相应的表情也会因为多种心情而变得丰富。再次对着镜子做出其他的像惊恐、同情、疑义、理解等不同含义的表情，同样将它们录制下来，观看后再对镜练习。长此以往，我们的表情就能灵活地变化，准确地表达出我们想要传递的信息，使信息更具有真实性和煽动性，也更容易感染到他人。但要注意表情的变化要适度，不要过分夸张，否则就会显得虚情假意，而且也不雅观。

（3）态势语的训练。

态势语是一种借助身体动作和表情手势等配合在一起来达到传情达意效果的一种特殊化语言。进行态势语训练，首先从仪表入手。你的身材、样貌和穿着都在无形之中体现着你的气质与风度。留给人们良好的第一印象非常重要，这不仅体现着你个人的形象，还能够引发人们的关注，调动人们的情绪。

再次是进行姿态的训练。撑着油纸伞，婀娜地走在小巷中，那丁香一样的姑娘，是多少人心中的一道靓影。其中一个原因就是，诗人赋予了她优雅的身姿。她的躯干和肢体之间相互配合与联系，形成了多姿多彩的动态剪影，引起了我们的向往与憧憬。所以在平常的站姿、坐姿、走姿等方面，我们就要注意保持稳健和轻盈，而不要摇摇晃晃，不断地抖动。

眼睛是心灵的窗户，所以加强眼神的训练也是非常有必要的。俯视代表着宠爱和宽容；平视能给人们留下自信与坦率的印象；仰视则散发着尊敬与崇拜的讯息。

在人的五官中，除了眼睛，嘴巴是人们五官之中最能够传递信息的器官。嘴唇开合的变化显示着不同的信息：咧嘴表高兴、撅嘴表不满、撇嘴表不服。

而手是人的第二张脸，手势所能够表达的含义也是非常丰富的。手势分为三区：上区、中区和下区。上区在人体的肩部以上，手势在上区时多表激动、昂扬等积极态度；中区则在人的肩膀到腰部的位置，多表和气、坦诚等中性态度；下区则是人体腰部以下的位置，多表憎恶、鄙夷等消极态度。

加强态势语的训练能够让我们的形象更加饱满与美丽，从而更容易使人对我们产生好感与亲近感，使我们赢得他人的尊重与喜爱，进而为我们成功地说服他人打下坚实的基础。

5. 通过训练修辞使你的语言更美丽

说服他人要用语言，想要让人心服口服就要把话说得漂亮。而修辞就是那个漂亮的外衣，能够把你的语言装扮得更加光彩夺目。

“修辞术”的原意是“演说的艺术”，由此可见，一篇生动的、饱满的、受听众喜欢的可称为“艺术”的演说必然要用到修辞，而常见的修辞包括比喻、夸张、排比、反复、反问等。先要对这些修辞有深刻的认识，才能更好地运用它们。

（1）比喻。

比喻是修辞中一种最基本的也是人们普遍运用的一种修辞。通过运用比喻可以使得两个看似不相关却有着内在联系的事物连接到一起，增加人们对两种事物的感官印象。也可以用简单易懂而人们又熟悉的事物对让人们难懂的事物加以说明，便于人们深入地去了解它。因而，比喻的运用可以让你的语言更加生动与形象，让听者产生身临其境、感同身受的形象感。例如，丘吉尔在报告敦刻尔克大撤退的时候曾经这样写道：德军大举进攻，像一把锋利的镰刀，插在了联军的左翼和后方。这非常形象地描述出了德军的军人数量之多，发兵速度之快，对联军的打击之深，所以联军不得不撤退暂避德军锋芒。

将德军比喻成镰刀是明喻的运用，在明喻中经常会出现像、如等词。比喻不仅有明喻，还有暗喻和借喻之分。运用暗喻时，本体和喻体是一同出现的。如：四合院是一个盒子，将四合院比作盒子，显示了四合院封闭而私密的特点。“不要让不良文化残害我们的幼苗”，这就是明显地将孩子比作了幼苗。而本体和喻体都没有出现为借喻。虽然使用比喻能让我们的语言更生动，但在运用时也要注意：不要用一些千篇一律没有新意的比喻，这会让人觉得索然无味。而相对的也不能太过高深，这会让人理解不了，并且你需要的是说服别人，而不是寻找高山流水的知音。此外，还要注意不同文化不同语境，不能乱用比喻——“狗字”在中国多为贬义，而在美国则为褒义，如果你在美国或者美国人面前就要注意这个问题。

（2）排比。

运用排比给人以一气呵成的感觉，因为强烈的节奏感而使得你的话语更加具有表现力和感染力。如：欲望，是殖民者紧握在手中鞭笞我们的皮鞭；欲望，是希特勒手中指向我们的指挥棒；欲望，是和珅剥削我们的印章。这些很强烈地说明了欲望的可怕。而运用排比也要注意：不能为了排比而排比，否则只会显得话语牵强附会。此外，排比时还要注意语句的顺序，不能胡乱地使用。

（3）夸张。

夸张是一种将事物的作用、特征等故意进行夸大或缩小进行描绘的常见修辞手法。李白的“飞流直下三千尺”“蜀道难，难于上青天”等都是因为将事物夸张而使人们产生联想，引起读者强烈共鸣的不朽诗句。夸张虽好，但也不能乱用，不能与生活脱轨。同时要注意夸张的内容，如果你对科技或者说理性的内容进行夸张则会有歪曲事实之嫌。

（4）反复。

当你想突出某种思想或情感，又不知道接下来还有什么可以进行强调的时候，用反复再好不过了。重复地使用一些语句而不会让人产生累赘厌烦之感，这就是反复的独特魅力。当年奥巴马的那句“YES,WE CAN！”，振奋了多少美国人的心，靠这句话拉了多少选票。而他的竞职演讲显得技高一筹，也是因为他大胆地使用了反复。真诚、可信赖、有魄力，奥巴马就是这样把老内容赋予了新感觉，从而鼓舞了人心，赢得了竞选。

（5）反问。

当你做出疑问而不给对方答案时，往往对方会更加清楚地了解到你所想要表达的信息。“打仗难道只是为了杀人么？”就是一句典型的反问。谁都知道如果只是为了杀人而打仗是有多么的愚蠢，用这种反问句不仅使对方能够深入思考，加深对方的印象，更增强了你的气势与说服力，使你的感情更为激昂，对方就更容易被你打动。但用反问时要极为小心，因为当你在不恰当的时机对对方进行反问时，可能会激起对方的逆反心理，从而拉开你们之间的距离。

修辞不仅包括这些方法的使用，还要对词语进行推敲，对各个语句顺序进行调整。古人为了一个字的选择而捻断数根胡须，只为达到语不惊人死不休的效果。而这种“惊人”往往都会有出人意料的作用，能赢得人们的尊重与喜爱。所以，即便是现在，也要注意每一个字的选择与运用。每个句子之间要如何连接，每个段落之间要如何过渡，前言和后语是否符合逻辑，所说的话是否有一定的层次和结构，这些问题都涉及修辞的运用。了解修辞的方式并进行练习与使用，逐步地提高使用修辞的水平，就能使自己的语言更加美丽，扣人心弦，进而发挥出语言的神奇威力，感染我们要说服的对象，从容地达到我们想要追求的效果。

想要达到这个效果，就要有步骤地进行词语、句式、辞格方面的练习。

首先要挑选一些名家名作，将这些名作进行熟读并背诵，对名句名作进行模仿或者改造，使之带有自己的语言风格。接下来就要自己进行写作，来对同一样东西或同一件事情进行描述或写作，将自己的作品与名篇对比，找到自己的不足，分析并揣摩自己与名篇的差距，再继续下一轮的写作与对比。

不管是练习语句、修辞还是其他的东西，归根结底都在于一个“练”字。文字功底只能通过自己扎扎实实的训练，才能得到提高。这就要求训练者要严格要求自己，定下长期的训练计划，坚持不懈、勤勤勉勉地训练，这样才能成为真正的口才大师，在与人谈判时成功地说服别人。

在生活中，许多人以为有一张能说会道的嘴就可以打下一片江山。其实，事实并非那样。任何人的成功都来之不易，如果一个人没有真正的实力，如同一件产品的质量不过关、价格不合理，一定不会被大众认可。所以，我们想要说服他人相信我们有能力、有实力，不只是要善于表达，更应该有真实的过硬的本领，这才是说服他人认可你的王道。

不论在生活中，还是在工作中，大多数的人都希望自己比别人强，希望自己能得到更多人的认可和关注。尤其是在职场中，没有人不希望自己能得到领导的重视，升职，加薪，从而风风光光地做人。可是，却常听到一些人在那里抱怨，认为自己所遭受的待遇很不公平。其实，拥有这样的思维我们就已经误入歧途了。如果我们想要获得更好的发展空间，最先要做的不是抱怨，而是勤奋学习、努力工作，掌握真正的本领，用我们的实力证明给领导看。俗话说：“是金子就会发光。”

如果你真的有能力就展示给你的领导，不论你运用哪一种方式，PPT或其他什么都好。

相信只要你能用你的本事证明你的实力不凡，你就一定会说服他人，让其器重你——实力不凡就会打动他人。

Chapter3

展现实力，

实力不凡更容易打动对方

用实力说话，是证明自己的最好办法。如果你身在职场，一直因为没能得到上司的赏识而叫屈时，你是否从自身寻找过原因？如果你认为自己是一粒金子，你希望得到领导的慧眼识珠，那最好的办法就是将你的实力展现出来，在工作中取得骄人的成绩。任何一个领导，对于下属的评价都不仅仅局限于下属的能言会道，尽管表达能力强的下属会令领导心里更舒服，更愿意给他机会，但在实际工作中，起决定作用的还是下属的真正实力。所以，想获得更多发挥自我能力的机会，在提升表达技巧的同时，更要注重自我实力的提升，用你不凡的工作能力去打动你的领导，让他看到你的努力和才智。这比任何的说服都更奏效。

同样，想推销你的产品，就要让客户了解到你的产品能为他带来怎样的实惠，一种产品的性能是有限的，对客户无限夸大它的功能，只能让客户觉得你的虚假不真诚，继而对你的产品产生质疑，并拒绝购买。其实，找准产品的客户群，让其优良的性能为真正需要它的人展示出来就是最好的说服。

1. 没有实力，你如何说服对方

用实力说话，这在职场上是毋庸置疑的。职场中，许多人为自己叫屈，认为自己是被埋没的人才，公司领导不能慧眼识珠。如果你认为自己真是一粒金子，那你就拿出你的实力来，在工作中取得傲人的成绩，证明你的实力。要知道，用实力说话，对他人是最好的说服。

在古罗马，一位常年跟随哈德良皇帝的将军，一天向哈德良皇帝提出了这样一个请求："皇帝，我参加过 10 多次重要的战役，经验丰富，您是不是应该把我升到一个更重要的位置。"哈德良皇帝对人才有着很清晰的判断力，在他看来这位将军虽然跟随自己参加过不少次战斗，可是能力有限，无法担任更高的职务。他想了一下，然后，随手指向拴在周围的驴子说："亲爱的将军，好好看看这些驴子，它们至少参加过 20 次战役，可它们依然还是驴子啊。"

职场中也一样，作为公司直接负责人的老板，绝不会有意去埋没人才，所以，尽管眼下你的能力还没有被老板发现，只要你努力干活，在工作中干出一番成就来，自然能够得到老板的青睐。在一个公司中，想要成为被老板重视的员工，最重要的一条就是，你必须靠业绩说话。也就是说，你的实力是决定你是否被重视的根本。总之，你究竟是怎样的员工，实力是最有说服力的证明。

谢林在一家大公司做销售经理，每天的工作就是与形形色色的客户应酬。由于整日忙于这些，使自己疏于学习。而现在社会在方方面面都可谓日新月异，企业的发展也不例外，在这样一个知识更新较快的时代，企业也形成了新的形态，为了应对各种挑战，企业对员工的要求也在不断变化，而员工在这样的企业中，也必须善于学习各种知识，才能以过硬的本领在变化无常的环境中应付自如。谢林在不知不觉中被他人超过——他的一名属下通过自学拿到了管理硕士学位，现在不仅学历比他高，而且在多年商战中获得了丰富的经验，销售业绩也是名列前茅。

在公司的一次商务洽谈会上，由于这名员工的出色表现，赢得了老板对他的青睐，所以不久他替代谢林成为了他们部门的经理。

其实，这名员工并没有要求老板重用他，但他通过不懈的努力，所换来的工作成就证明了他的实力，即便他不要求老板重用他，对于老板而言，他的实力已经证明他有资格被重用。

用实力说话，用在商业活动中也会取得好的效果。

小海暑假期间去镇上卖西瓜，可是一个西瓜都卖不出去。尽管小海极力地跟大家说自家的西瓜有多甜，人们就是不相信。回家后，小海告诉爷爷没人买他的瓜。爷爷问他为什么不切开两个西瓜证明给大家看呢？小海说，万一切出了不熟的瓜怎么办？不是更卖不出去吗？

第二天，爷爷早早地和小海一起推着西瓜去了集市。爷爷随意地切开了几个西瓜，全是熟透的沙瓤瓜。他让小海把切开的每块西瓜用保鲜膜裹起来，单独卖。熟透的瓜透过保鲜膜格外诱人，立刻吸引了一些买者。小海见状非常高兴，拿起刀又要去切其他的西瓜。爷爷忙阻止了他："不用！大家已经认可了我们的西瓜，没必要再切开别的瓜了。"

小海卖瓜时，虽然极力说自家的瓜有多甜，可就是无法说服人们买他的西瓜。而爷爷的做法却是，让大家亲眼目睹他卖的西瓜到底好不好。他不需要极力说服人们买他的西瓜，只要让大家见识到自己的西瓜是怎样的就可以了。显然，他能很快地把西瓜卖出去，靠的就是实力。

俗话说“是骡子是马拉出来遛遛”。意思是说，衡量一个人是否有能力，不是听其言，而是观其行。在生活中，我们常常说服别人要其相信我们有能力去做好某事。或者在商业活动中，说服客户要相信我们的产品。这时候，往往无论你怎样说都很难获得对方的认同，原因就是人家并没有真正地看到你的实力，没有真正地感受到你的产品是否像你说的那样好。因此，无论你怎样夸赞自己，夸赞你出售的产品，都不会有太好的反应。

看天津卫视的《非你莫属》栏目，经常会看到求职者上来后就夸夸其谈的场面，说自己怎样怎样的优秀，可是，在老板考察的那个环节中，有很多却表现得不尽人意，甚至很差劲，这时老板们往往会对求职者给出严厉的忠告。推销自己无可厚非，尤其在现在的社会中，人们需要让更多的人了解自己的能力，给自己创造更多的机会，但是，要清楚一件事，想要证明自己有多优秀，光凭嘴上功夫是不行的，特别是现在的年轻人，更要清楚一点，那就是拿出自己的实力，用实力去说服对方。

同样，一件产品如果真的货真价实，不用你做太多的游说顾客就会购买——产品的质量与价格的合理就是最好的说服力。否则，就算你凭着广告，凭着三寸不烂之舌赢得了一些客户，也经不起时间的考验，而你的产品在市场上的寿命也不会太长。

说服拼得真的不只是巧言如簧，更主要的是实力。如果没有实力，你的说服就没有力度，那么你说服他人的目的就很难达成。由此可见，想要说服他人按着你的意图行事并没有那么容易做到。如果你在说服他人的过程中没有达成自己的目的，你需要反省的不一定是你在表达上的功夫，而是要反省一下自己是否真的有实力。

2. 展现实力，让你的 PPT 说话

在天津卫视《非你莫属》节目中，大家应该都会看到这样的情景，那就是求职者要将自己制作好的 PPT 向在座的老板展示。老板们则通过求职者 PPT 中所展示的内容对求职者给出评价。有些求职者尽管不善言谈，但是通过这一环节却能博得老板的青睐，为自己赢得更多的升职机会；而有些求职者则在这一环节中输得很惨，在接下来的晋升过程中阻力重重。那么，为什么老板们如此看重一个求职者所展示的 PPT 呢?

许多老板在求职者展示完 PPT 后，对制作差劲的 PPT 会给予如下批评：你的 PPT 制作得太简单了，里面的内容那么少，可见你对自己所展示的东西并不是很自信；你制作得这么潦草，让我们觉得你对这个节目很没有诚意。而对于那些制作得比较好的 PPT，他们则会说：通过这个东西看得出来你为参加这个节目费了一番心思，准备工作做得很足；这个 PPT 能显示出你对自己所展示的内容的熟悉，说明你在这方面的能力还是可以的。

在《非你莫属》节目中，一个 PPT 决定一个求职者有更多求职机会的事例非常多。可见，PPT 是职场中展现实力，说服他人，赢得更多被重用的机会的最佳武器。

那么，如何可以更好地利用 PPT 展现自己的实力，来说服对方，让他人相信自己的能力呢？现在我们就拿求职这个问题来做个小小的探讨。

张海龙要去一家公司应聘，想做一个自我展示的 PPT，可是他又不知道如何下手。那么，在这种情况下他该如何做呢？

在制作 PPT 的过程中，他需要注意以下几点：

（1）内容。

展示中骨架多使用图形，少用一些术语。展示的内容要重点突出，而且界面要简洁，如果有必要的话最好多用图形来表达你的思想。因为图形相对来说更容易被人理解，能给听众留下深刻的印象。而且它也能帮助展示者更好地进行阐述。当然，在制作 PPT 的过程中也要注意字体的大小。此外，要尽量少使用专业术语，如必须使用，一定要解释清楚。

（2）花样。

正式场合不使用任何 PPT 动作，如果要使用的话，最好不要超过三种。

一般在非常正式的场合下进行 PPT 演讲，在 PPT 制作中最好不要使用“花样”。一个朴素的、中规中矩的 PPT 虽然得不到别人的夸奖，但也不会引来非议。PPT 的模板宜素雅，当然可以适当插入一些图片，但切忌花哨，哗众取宠。更不要出现错别字，这样会被面试官认为你工作粗糙。

而在展示 PPT 时，求职者应穿着正装，目光不要闪躲，要保持微笑。

穿正装进行 PPT 演讲，首先会给听众一种权威的形象。在演讲之前要保持精神焕发的状态，要有一种积极向上的态度，并相信这种态度可以影响到你的听众。同时，在展示PPT的过程中要始终保持与听众的目光接触，这样你可以在他们眼中发现一些细微的问题，及时调整自己，知道下一步将做些什么。

值得注意的是，在PPT的制作中要懂得，每张幻灯片传达5个概念效果是最好的。7个概念人脑恰好可以处理，但超过9个负担就过重了。PPT的制作要有针对性，应聘时，我们面对的是面试官，所以我们的PPT制作就要针对你要入职的公司和你要应聘的职位进行内容上的规划，并顺利地将自己的思想灌输给你的听众。记住，深入浅出才能代表你对知识的真正掌握。

PPT的展示不仅在求职中有着不可忽视的作用，在许多场合中，它的作用都十分强大。PPT制作得好坏，可以说直接影响你的听众对你所展示的内容的理解和接受程度以及对你的能力的评判。我们总说自己的能力无法被别人看到，其实，如果你真的那么迫切地想让别人肯定自己的话，利用PPT文稿演示来提升他人对你的能力的肯定是一个很不错的办法。因为一个好的PPT是完全可以证明你的能力的，而且它的说服力绝对是不容置疑的。

很多经营者，就是利用PPT的展示，向他们的客户证明自己的产品的优越性，从而将自己的产品推向更广阔的市场的。

文丽是一家保险公司的业务员，她在人寿保险业务的销售中取得了不俗的成绩。她的成功便取决于她善于利用PPT文稿。对自己销售的人寿险种，她制作了不同的PPT，然后面对不同需求的客户时，她向他们展示自己精心制作的PPT，通过文字、图形、幻灯片等的演示和讲解，让客户逐渐接受她的理念，并拿出钱心甘情愿地去买她出售的人寿保险。

文丽就是通过这样的方式，使自己的销售业绩成为同行中的佼佼者，为自己带来丰厚的回报的。

文丽的成功不是靠她的能言善辩，更主要的是她懂得利用PPT来为自己的销售活动出力。因为她知道PPT更能直观地传达一种信息和理念，所以她对此下了很多功夫，将她的PPT制作得非常好，内容丰富但不驳杂，听众易于接受和理解。文丽的实力应该说就是通过PPT展示出来的，是PPT说服了她的客户，使她成为了一名保险界的销售能手。

既然PPT的作用如此大，我们就应该在工作中懂得如何更好地利用它。但最主要的是学会制作PPT，知道怎样将一个PPT做到更加完善，更能够表达你的思想，让你的听众容易、愿意接受你所要传达的意思，从而达到你说服他人的目的。而如果你想要达到说服他人的目的，不妨试试PPT——用你精心制作的PPT说话不仅能达到说服他人的目的，还能证明你是一个有实力的人。

3. 没有什么比实际能力的展示更有说服力

每一个生活在社会中的人，都希望自己有能力，也希望自己这匹"千里马"能够遇到一个识得他的"伯乐"。那么如果我们真的是一匹"千里马"的话，又该如何被"伯乐"识得呢？

在职场中，很多人喜欢抱怨，说自己从没有被领导重视过；有些人总是在别人取得成绩后，心怀嫉妒，认为自己也不差劲，只是因为没有更好的展示机会……那么，你究竟有没有实力与他人一较高低呢？你说自己有，没人会相信，因为空口无凭，所以，想要证明自己的实力，就要用你的实际能力来展示，因为你的实际能力才更有说服力。

曾经在一所大学和校园招聘广告上出现了这样的信息："成绩中等或中下，外向，热爱汽车。""成绩优秀者不考虑……"可以说，在如今看中分数和证书的主流招聘中，这样的一则招聘广告确实让不少同学大跌眼镜。而发布这条广告的企业竟然是一家名列世界500强的保险公司。这条招聘信息的另类要求，无疑让不少同学困惑不解。因此，不少同学曾对这一招聘信息提出质疑："这算不算对优等生的一种歧视？对学生会不会有误导？"对此，招聘方给出的回应是成绩优秀者不一定销售工作做得好，他们看重的是实际能力。可见对于用工单位来说，员工的实际能力是最重要的。

现在很多新人在初入职场时，容易犯一个毛病，常常会因为自己是名牌大学毕业或是海归，就自恃过高，瞧不起小项目，不屑于简单的任务。而由于这种态度，使得眼前的事情无法做得很出彩，这样就算他有能力，也没有可以证明他实力的东西，因而，他无法得到上司的器重，获得提升的机会。

王涛从海外学成归来后，进到一家软件公司工作。这家公司的主要产品是生产型企业所要用到的环保监控软件，而王涛的工作就是负责销售并上门为顾客提供相应的使用指导服务。因为之前在国外学的一些软件操作技能和国内的不一样，所以王涛无法完全熟练操作公司里的产品，这使他出门和客户洽谈时还得需要一个技术员陪同。对此，王涛并没觉得这是什么问题，他认为自己已经懂得了国外的那些更先进的软件，国内的了解一点就可以了，况且还有技术员陪同。可是，工作了几个月后，王涛对自己的这份工作逐渐失去了兴趣，尤其一想到自己只是一个"跑腿"的，离当初所期望的"技术性工作"差之千里，心里就郁闷。他本来的想法是进入这家公司的产品开发室，做产品开发工作，希望自己日后可以成为技术开发的总监。然而，工作不到一年后，王涛就因为无法承受更大的业务压力，沮丧地离开了这家非常有潜力的公司。对于辞职一事，王涛认为自己不应该在这样的地方浪费时间，他想当将军不想当士兵，他希望自己能够找到当将军的地方。

拿破仑说过，不想当将军的士兵绝不是一个好士兵。但是，众所周知，每一个将军都是由士兵一步一步晋升到将军的，他们都是经历了无数场战役的锤炼，具有了丰富的经验，用自己的勇敢和智慧争取而来的。同样，我们在职场中也是如此，只有我们脚踏实地地干好眼前最基础的工作，积累了更加丰富的经验后，才能获得更多晋升的机会。而你想要获得更多这样的机会，想要上司器重你，将自己的实际能力展示出来，才是说服上司的最佳方法。

其实，在任何一种说服他人的情境中，都需要实力的展示。

乔·约翰出生于一个富有家庭，父亲拥有一家规模不算小的公司。约翰从小就很聪明且博学，在绘画、音乐方面都获得过许多证书。而这并没有影响约翰的商业头脑，在他16岁的时候，就开始自己创业，开网店、炒股，而且小有成绩。在他大学毕业后，直接进入了父亲的公司。但他并没有因为父亲是董事长而直接进入管理层。他先去了生产部门，在那里工作了一年，熟悉了生产工艺、流程等一系列基础问题后，又到了公司的物流部。那里虽然人手不算少，但他每天都与工人一起工作。后来他又调到采购部，依然是与工人们一样上下班，一样按照公司的程序办事。

由于约翰做事低调，踏实肯吃苦，又有着很强的商业头脑，所以他赢得了公司高层的认可，被调入某部门成了一位最年轻的部门总监。

约翰的成功，靠的就是自己的实力，他在工作中所展示的实际能力，为自己赢得了晋升的机会，而不是靠着做董事长的父亲。可以说，在约翰的职业晋升中，不是父亲靠着私情提拔了他，而是他在实际工作中所展示的能力说服了董事会的其他人，才为他的事业开辟了一片天地的。

在任何情形下，说服别人的最好办法都是依靠自己的实力的展示。唐骏说过这样一句话："只有你把事情做得最好，用业绩来证明你的能力，才能得到领导的信任并被委以重任。"的确，在职场中，领导看中的就是一个员工的能力，而能力的体现就在于你为公司做了多少业绩。如果你做得不够多，那就不要去抱怨自己没有晋升、没有加薪——你的工作能力有限，没有出色的工作成绩，这样领导怎么会给予你厚爱呢。

唐骏在微软获得了"比尔·盖茨总裁奖"，可以说这在微软历史上是不曾有过的。他之所以获此殊荣，当然归功于他的能力。微软公司全球副总裁、大中华区的CEO陈永正是这样评价唐骏的："无论是在产品开发和产品服务支持，还是在努力扩大微软在中国的业务方面，唐骏先生都做出了重要的贡献。我们感谢他所做出的努力。"

一个人能获得很高的评价和认可，绝对与他的实力是分不开的。因此，我们应该懂得想要说服他人给予自己信赖与认可，就要用实力来说话——你的实际能力的展示，是最强有力的说服武器。

4. 产品的性能与质量最有说服力

大家都知道，在销售活动中，我们的目的很明确，就是要将自己的产品卖给客户。可是，这一过程并不是简单的，因为客户不会那么容易地、不假思索地就去购买我们的产品。因此，这就需要我们的推销人员想尽各种办法来说服眼前的客户，让他愿意购买产品。在竞争日益激烈的现代社会中，出售一件产品时，应如何运用各种技巧也成为了销售行业的必修课。当然，在销售过程中，技巧的运用是必须的，因为我们在面对不同的客户时，需要掌握不同的说话技巧，这样更有利于我们说服客户购买我们手中的产品。但是，不可忽略的是，真正决定客户是否购买产品的最大动力还是其优良的性能。所以，在销售活动中，销售人员对自己产品的性能如何阐述才是说服客户购买产品的关键。

产品性能是指产品在一定条件下，实现预定目的或者规定用途的能力。市场上的任何一件产品都有它特定的用途。一件产品的性能是否良好，是决定这种产品出售份额的关键，因此说，在销售一件产品时，其性能良好是说服客户购买的最关键的一步。那么，我们如何说服客户，让他们相信我们的产品性能优良呢？

都说实力决定一切，一件产品唯有好的性能，才能被广大消费者接受。如果我们出售的是假冒伪劣产品，就算我们的销售技巧非常强，也容易被客户识破。所以，我们首先要选择性能优良的产品去销售。在销售前，应该对我们的产品进行细致的了解，熟悉了自己所要出售的产品，才能在销售过程中拥有更多的自信，否则会被聪明的客户质疑。当我们对产品不能全面了解的时候，很容易被问到其性能是否良好，它好在哪里？这时如果我们对产品性能的好坏不清楚，就会被问个措手不及，从而对销售活动产生负面影响。而如果我们十分了解自己所销售的产品，就能对答如流，让客户充分了解这件产品，从而愿意掏钱购买它。这也是为什么品牌商品所占的市场份额更大的原因，那就是顾客认可它的优良的性能。而性能的优良就说明了产品具备一定的实力。

加多宝集团品牌管理部副总经理王月贵说："曾经大家以为瓶装水都是矿泉水，其实那可能是矿物质水，也可能是纯净水。实际上，真正的矿泉水对水源地有着非常高的要求，对水的成分构成有非常严格的标准……"

2012 年 3 月国家发改委饮用水产业委员会与北京公众健康饮用水研究所共同发布的《中国居民饮水指南》，对饮用水等级进行了划分，雪山矿泉水为最高等级的一级饮用水。这个就是昆仑山雪山矿泉水。2012 年昆仑山雪山矿泉水以其高品质，荣获"伯克利世界品水大赛好水金奖"，它也是中国矿泉水赢得的首个和目前唯一一个好水金奖，实现了中国水界历史性的突破。

可以说，找到一处好水源，是昆仑山人的梦想，为了这一梦想昆仑山的团队开始向国内各大山川进发，这一寻就是 10 年。他们在广东、四川、西藏、青海以及长白山、五大连池等地的崇山峻岭中，不停地寻找，而昆仑山的众多专家则反复对寻找到的"好水"进行取样、监测及论证。昆仑山人一次又一次地放弃了没有达到他们理想的"好水"，他们坚信在中国一定能找到好的水源地。终于，他们来到了昆仑山。

众多专家四进青海，反复论证，最后一致认定昆仑山玉珠峰水源为高品质的雪山矿泉水。昆仑山雪山矿泉水最大的特点就是各种微量元素及矿物质丰富，而且它们的含量比例均衡。

作为高端矿泉水的昆仑山雪山矿泉水，近几年销售额不断增长，这当然缘于其优质水源。而昆仑山雪山矿泉水也以其卓越的品质，成为众多高端赛事的指定饮用水。作为高端矿泉水，昆仑山雪山矿泉水已逐渐被更多人接受，尽管它的市场销售价格偏高，但是由于它来自没有任何污染的昆仑山，水质优越，已成为更多人的选择。可以说，昆仑山雪山矿泉水势头良好的销售前景主要取决于它良好的产品质量。

在销售活动中，我们拿什么更好地说服消费者，从昆仑山雪山矿泉水中便可知晓，那就是优良的产品性能，而这正是产品的实力，唯有实力才拥有最好的话语权。所以，在我们的销售活动中，对产品的优良性能的阐述一定不要掉以轻心，因为那才是说服消费者是否愿意购买的决定性因素。

对于一件产品的销售，我们可以许诺售后如何周到服务，可以大赞其外形的优美，但都不及我们将其优良的性能说于消费者，让消费者相信我们的产品，放心购买。所以说，说服需要讲究实力的展示，优良的产品性能就是一件产品的实力展示，而我们只有在这方面多用心，做足功课，用流畅耐听的语言说给消费者，打动消费者，让他真的相信你所出售的产品性能确实好，这样才有机会将产品顺利地销售出去。

销售活动是说服消费者购买自己产品的一个过程，而说服的确需要一定的技巧。我们在销售过程中，不仅要注意态度、语言的修辞，更要懂得抓住重点，那就是将产品的优良性能阐释清楚，因为能说服消费者、打动消费者的正是产品的优良性能。世界上没有任何一个人不在乎自己的钱花得值不值，我们要购买一件产品时，最先考量的必定是它的质量和好的性能，如果产品具备这样的特性，购买者才会放心地去购买这件产品。由此可见，在产品的销售过程中，对客户最有说服力的就是产品的质量和优良的性能。而这也可以说明一个问题，那就是实力才是最有说服力的东西。

其实，不只是一件产品，人也一样，只有让对方看到了你的真正实力，你才能说服对方，让他对你产生信赖感，从而重视你。

5. 让简报秀出你的实力和说服力

在职场上，很多场合需要我们运用简报来协助自己工作的进行，如会议报告、向客户提案、发表演说，或者参加一些研讨会等，这些情况下，几乎都是要做简报的。而简报做得好坏，并不完全取决于内容是否花哨，或者演讲者清晰伶俐的口齿——简报的好坏更多展示出的是一个人的实力与魅力的结合。

职场中，我们经常会遇到这样的情景，抬起头，看到的是简报者的背影；低头时，看我们手中的纸本讲义，发现那不过就是口述者内容的草稿；银幕上的投影片，不断变换成不同的数据资料，满满地占据着整个画面；当我们想看清楚图表上那些数字的时候，还得眯起眼睛仔细辨认；讲述者手中的镭射笔在屏幕上忽东忽西、忽上忽下，这样的一场会议可以说让每一个参加的人都会觉得昏昏欲睡。如果这样的简报是我们自己做出来的，那么，在我们讲述的时候，一旦发现是这样的一种局面，我们又会作何感想？而如果下面是我们的客户或者老板，这样的一场展示又会为我们带来怎样的后果？可以说，其结果不用想便可以明了。

在现代职场中，可以说简报是最能直接展示个人能力和魅力的东西，一场这样的讲述下来，极有可能为我们带来严重的后果。因为它可能涉及我们是否可以说服我们的客户，让其与我们达成交易，这关系到我们的业绩以及公司的利益；还有可能在这样的一场讲述中，让我们的主管失望，使得我们失去成功说服他的机会，无法去做我们想要做的事情。当然，不论是一场怎样的简报讲述，都会让我们在同事中留下印象，而这印象的好坏就取决于你自己了。

那么，我们如何让大家可以非常有兴趣地观看和聆听我们的讲述呢？怎样才能做出一场优秀的简报讲述会议，给领导、客户、同事留下深刻美好的印象，从而充分秀出自己的实力与个人的魅力呢？

一般来说，我们要做一场简报讲述会议前，都会有一段时间来为此做准备。可是为什么有的人做得就很好，能让观看简报的人聚精会神地聆听与观看，而有的人就无法吸引大家的眼球，让大家跟着他的思路走下去。可以说，有一些简报讲述非常的枯燥，让台下的观众昏昏欲睡甚至希望其快点结束。出现这样的局面，有时候并不是讲述者对自己的讲题不熟悉，也不是没做过准备，可简报做出来后，其效果就是无法让人满意。而一场糟糕的简报讲述，真的会带来适得其反的结果，还不如不做。因为，它成了我们实力展示的最大阻碍。

可以说，“沟通与了解”是简报的真正价值所在。所以，我们在做简报之前，首先应该考虑到听众想要的是什么，然后我们才能告诉他，我们会提供什么利益给他。因此，在这一过程中，我们的任务就是带领听众逐步了解我们简报中的信息，并使其相信它。在职场上，很多人在接获做简报的任务时，以为只要将手边的资料尽可能多地呈献给听众就可以了。其实，做这件事的时候，绝对不是那么简单的。因为我们做简报讲述的目的是让听众接受我们的观点，这就需要我们将听众从起点，也就是一开始的状态推往终点，即我们做简报的目的。在这一过程中，听众在最初的时候，往往对我们所要讲述的主题并不知晓，甚至对我们要讲述的东西持怀疑态度或者内心对其是排斥的。因此说，讲述的过程正是我们说服听众转变其态度和认知的过程，而绝不仅仅只是单方面传递资讯的过程。所以说，简报讲述的效果好与坏，直接影响说服的结果。据此，也可以说，简报的技术是充分展示一个人实力与魅力的关键。

我们做简报，大多数时候都是为了说服我们的听众，或是上司，或是客户，通过我们的讲述，让他们认可我们的能力或是产品，使得我们达成自己的目的。所以，我们必须让他们有耐心、有兴趣地聆听我们的讲述，只有这样才能有机会让他们做出对我们有利的决定。演讲大师魏斯曼说，很多人以为，要让观众了解自己传达的信息，只要告诉他们一切细节就行，所以才会出现很多让简报堆砌过多没有任何意义的“垃圾资料”，使其成为一场枯燥的技术与数据的报告，最终以失败收场。之所以这样，原因很简单，就是因为没有人愿意听长篇大论，大家更多的是想了解自己“必须知道的事”。过多的技术与数据展示，必然导致人们无聊情绪的产生，以致完全听不下去的结果。对于商业简报的讲述更要注意，因为台下的听众想要知道的是产品或服务的特色、利益。所以，简报制作者一定要对此下功夫，而想要说服听众，就要在简报制作与讲述中着重于对特色与利益的描述，也就是关于个人、公司或产品的事实或特质要多进行讲述，从而让听众了解如何获利。

想要用简报说服听众，就要特色与利益并重，在简报制作与讲述中，凸显产品或服务的特质后，一定要将其换成利益，给予听众一个做决定的理由，而且是他们想要行动的理由，而不是你的理由。因为无论你的产品怎样有特色，如果它不能与听众的利益结合起来，对听众来说都是毫无意义的，那么这场讲述也是没有任何意义的。所以说，简报绝不仅仅是“制作投影片”和“上台对其讲述”而已，因为很多包含了这样的元素的简报的讲述并不成功。

在职场中，简报的制作与讲述是可以考察出一个职场人的能力与魅力的。所以，想要获得上司的青睐、想要获得客户的信赖与认可，一定要学会制作出好的简报，因为只有这样才能秀出你的能力与魅力。

商业讯息专家韩明文指出，一个完整的简报流程须划分为 4 个流程：先准备；进入投影片的制作阶段；展开练习；口头报告。韩明文认为，只有完整地走过简报流程的这四个步骤，才能做出真正有效的简报。那么，作为职场中的一员，当我们在工作中遇到必须用简报来开展工作的时候，一定要认真、用心地对待简报的制作以及后续的口头讲述的准备，因为我们可以凭借优秀的简报制作与顺畅的讲述来博得他人的认可，从而达到说服上司或客户的目的。

Chapter4

以弱克强，
博得对方的同情心

亚当·斯密说："最大的恶棍，极其严重地触犯社会法律的人，也不会全然丧失同情心。"也就是说，同情心存在于每一个人的心中。叔本华认为，人的同情心就是对他人的痛苦感同身受。而人与人之间是高度相似的，每个人都能将别人的行为反推到自己身上，同样也能通过自己的感受体验到别人的感受。而且，人们往往更易于给予比自己还不幸的人以同情。基于人们具有的这种心理，在说服他人的过程中，就可以运用博取对方的同情心来达到说服的目的。同情心是人的天性，它不局限于一切的道德力量，只要说服者能够用自己的智慧，巧妙地将对方带入感同身受的情境中，就会引发对方的同情心的产生，而一旦博取了他人的同情心，那么什么事情都可能有机会解决。因为，他已经不再从心里对你设防，这样我们就可以动用智慧，以巧妙的说话方式将我们的想法灌输给对方，从而让他顺理成章地接受我们的建议，使我们达到说服他的目的。

1. 学会博取他人的同情心

在说服别人的时候，可以适当示弱，以博取对方对自己产生同情之心，从而让自己的说服变得更为顺利。那么为什么适当示弱、博取他人的同情便可以增强说服的力度呢？这是因为人具有与生俱来的“同情”他人的天性。

亚当·斯密说：“最大的恶棍，极其严重地触犯社会法律的人，也不会全然丧失同情心。”的确是这样，人们总会对别人的命运产生兴趣，不论是别人的幸福还是不幸。而当一个人亲眼目睹过或者是设身处地地想象到他人的不幸时，就会在心中产生同情或怜悯。但这种情感不只专属善良之人，它存在于每一个人的心底，哪怕是十恶不赦的坏人，一样具有同情之心。研究表明，一个人的同情心在其儿童时期就已经萌芽，而相关研究认为，如果一个人的大脑前额叶的功能十分健康的话，这个人就应该是有同情心的。

英国的心理学研究者迈克尔·巴尼西说：“实验证明，一个人的触觉系统是与同情的某些特定方面有着一定的联系的。”

叔本华认为，同情心就是指对他人的痛苦能感同身受。它基于看透他人和自我之间的无差异性。而人与人之间是高度相似的，所以，别人的行为可以反推到自己身上，通过自己的感受也可以体验别人的感受。要想对他人身处的境遇有所体验，我们只有设身处地地想象，因为我们无法直接了解别人的感受。可是想象，除了能让我们懂得如果身临其境会怎样外，并没有别的长处。当我们进入这样的一种状态时，其实我们感官的印象并不是他人真实的感受，而只是对他人感受所做的模拟。人们凭借自己的想象将自己置身于他人的情境中，以为自己正经受着与他人同样的痛苦或烦恼，这时，自身仿佛已与那个人合二为一，从而在某种程度上体会到他人的感受。于是，就全盘接受了这种痛苦并将其变为自己的痛苦，而这时我们就真的为之所动了。

亚当·斯密在《道德情操论》中关于“同情”是这样描述的：“旁观者的同情心必定完全产生于一种想象，即如果自己处于上述悲惨境地而又能用健全理智和判断力去思考（这是不可能的），自己会是什么感觉。”正因为人们能够设身处地地想象别人的痛苦，所以才能产生与他人相似的感情。如，在观看一部电影时，当里面的角色被施以酷刑时，我们会被那种惨不忍睹的画面深深震撼，继而想象自己在那样的情境下会是怎样的一种感受，于是，我们就会同情起被施以酷刑的人来。同样，当我们在观看一场惊险的杂技表演时，也会为正在进行高难动作表演的演员捏一把汗，这也是因为我们对此进行了想象，把表演者置换为自己，所以才能深切地感受到危险，从而在心底里叹一声：“这份工作太辛苦、太危险了！”于是，对表演者的同情也油然而生。由于同情心可以让人们对他人的痛苦感同身受，所以同情心也就成为了人们用以传达并分享感情的基础。

法国思想家卢梭说：“人们不会对比自己幸福的人产生同感，而只会对比我们不幸的人感同身受。即我们的直接同感只局限于对他人的痛苦，而不是安逸。”事实正是如此，人们在比自己幸福的人面前时，大多有的是一种嫉妒心理，而在弱者和不幸者的面前，却会产生同情心。

网上曾疯传这样一则故事：徐州的一名入室行窃者，一天偷偷地潜入了一户住家，当他看到屋子里家徒四壁、破烂不堪时，明白了这

家主人的困窘，于是，他的同情心油然而生，不但没有拿走任何东西，还在离开的时候留下200元钱，并在一张便条上写着让主人用它去换一把新锁。当这家主人回来时，发现这一便条后，愣了很久，因为她没想到小偷会这样做。据此分析，这个小偷之所以会这样做，也应该源于他的同情之心。或许这家的贫穷，唤起了他自身的某些记忆，想到了贫困人家生活的不易。于是，同情心起，为那家人留下了200元钱。同情他人，往往无关于一个人的道德品质，更多的是来源于那份感同身受的情感体验。因此说，人的同情心是与生俱来的。既然是这样，当我们在说服别人的时候遇到了困难，就可以尝试着去博取他人对自己的同情，利用这点使自己的说服更加顺利。

我们在与人沟通时，要善于揣摩对方的心理，利用人类"同情"的天性，想方设法地引导对方与自己产生同样的感受，进而达到致使对方产生同情心的目的。一旦博取了他人的同情心，那么什么事情都可能有机会解决。因为，对方已经不再从心里对我们设防，这样我们就可以动用智慧，以巧妙的说话方式将我们的想法灌输给对方，从而让他顺理成章地接受我们的建议，使我们达到说服他的目的。

生活中人们常常会寻求他人的帮助，比如当手头拮据时，就需要向别人去借钱。如果跟自己要好的朋友借，可能不需要费太大周折，可有时候，也会遇到向一般的朋友借钱的状况，这时，就要借钱人讲究说话技巧了。有些人可能就深谙示弱之道，为了能够借到钱，解燃眉之急，就会在朋友面前示弱，以达到唤起朋友的同情心的目的，从而将钱借到手。而缺钱的情况，几乎每个人都有过，所以，说服者只要能将被借者带入到一种他熟悉的情境中，去重新感受那份窘境曾带给自己怎样的心理负担时，基本上他的说服就成功了一半。因为，被借者由自身的感受唤醒了对借钱人的同情之心，因此，被借者坐视不理的情况可能就会改变。

同情心是人的天性，它不局限于一切的道德力量，只要说服者能够用自己的智慧，巧妙地将对方带入感同身受的情境中，就会引发对方的同情心的产生，这样说服的成功率就会大大提高，从而实现自己的目的。在社会中，沟通需要技巧，说服他人更需要智慧，因此，在说服他人时，一定要懂得利用人类的一些普遍存在的心理现象来使自己获取成功的机会。而学会博取他人的同情心就是其中一个技巧。

2. 以弱克强更容易说服他人

人们常常都以为沟通是一个直线，其实它是一个圆。在这个圆上，当我们站在某一起点，而目标是另一点时，我们常常只知道往前走是实现目标的唯一途径。事实上，只要我们换个思路，转一下身，便会发现实现目标的又一途径。而且我们还会发现，以前的那种途径不仅费时费力，还未必会成功；相反，如果我们换一个思路，从另一个方向出发，目标可能就近在咫尺。而大多数的人都会犯舍近求远、徒劳无功的错误。

如何有效地沟通，达到说服别人的目的，其实真的需要我们认真思考。在这个世界上，有问题存在，就一定有解决的办法，

而人们之所以会失败，往往正是因为没有找到解决问题的最佳途径。说服别人需要技巧是毋庸置疑的，那么如何才能做到有效沟通呢？尤其是当我们面对强者的时候，要怎样达到说服他的目的呢？

渴望同情是人的天性，当你面对一个比较强大的对手时，想要对

他进行说服，不妨尝试使用争取同情的说服技巧，利用以弱克强的办法，以博取他的同情，从而达到自己说服他的目的。

一个山区小女孩，被人拐骗到了上海。当天夜里，天下着小雨，这个十几岁的小女孩战战兢兢地待在一间房子里。突然，房门被人推开了，一个中年上海“阿拉”走了进来。当时，小女孩十分害怕。不过，她很快就恢复了镇静的神态，并机智地叫了一声：“伯伯。”中年“阿拉”被这一声“伯伯”的称呼弄得一愣，人像被施了魔法一般定在了那里。

小女孩接着又小心翼翼地说：“我一看伯伯就是好人，您的年龄应该和我爸爸差不多，可我爸爸比您要苦得多。他在乡下种田，去年栽秧时，由于天气太热中了暑……”小女孩说着说着就哽咽了，接着眼泪哗哗地流了下来。中年“阿拉”听完小女孩的叙述，短暂的沉默后，红涨着脸对小女孩低低地说了一句：“谢谢你，小姑娘。”然后便开门离去了。

这个故事中的小女孩非常聪明，在面对强大的对手时，让自己在其面前显得特别弱小，以此来激发起对方的同情心。她的一句“伯伯”，一下子将两个人的年龄拉开了距离，同时，也让“阿拉”想到了自己那个同样处于花季年龄的女儿。于是，同情的种子便开始在他的心中萌芽。接下来，小女孩又不失时机地给他戴上了一顶“好人”的高帽子，以此诱导他将自己与“好人”放在一块，并用“我爸”和“阿拉”的对比，再次使“阿拉”的同情心理得到强化，从而逃脱了一场劫难。

由于同情心是客观存在的人的天性，所以，以弱克强的说服技巧是很值得人们在说服他人时尝试的一种方法。心理学研究认为，同情是对他人的不幸遭遇产生共鸣，对他人此时的思想、感情和需求能设身处地地给予理解以及及时的关心、安慰和支持等。乔治・H・米德在《心灵、自我与社会》中这样写道："要同情某人，必须有与另一个人的态度相应的一种反应。如果没有这样一种相应的反应，人就不能在他自身唤起同情。不仅如此，如果那个同情者要在他自身唤起这种态度的话，还必须有合作，有被同情的应答。"由此可见，当我们为了自己说服对方时，就有了一种与之合作的需求，我们利用人类与生俱来的同情心，用充满感情色彩的语言，去唤醒对方的感受，让他与我们进入同一种情境中，通过想象来感受我们同样的感受，从而引发他的同情心，进而使他对我们的需求做出积极的应答。

说服他人说简单也简单，说复杂也很复杂，这就看我们如何面对被说服者，如何从有利于达成我们目的的出发点来进行说服了。生活中，很多人都懂得利用他人的同情心，以此达成自己的目的。有人说，最看不惯别人装可怜的样子。可是，事实上，在某些时候"装可怜"真的能让我们获益不少，尤其在面对强大的对手时。

美国的一项研究表明，在人的生命周期中，同情心呈倒U字型曲线分布，也就是一个人在他年轻和老年时同情心比较弱，而中年时的同情心相对比较强一些，其中又以50多岁的中年女性同情心最强。通过对一组数据资料的分析，研究人员认为，年龄较大的中年人对他人的不幸经历更容易产生强烈的情感反应，对他人看待问题的角度和观点也更能给予理解。分析者认为，这可能是因为，在人的生命周期中，前半段认知和情绪调节功能比较强一些，后半段则会逐渐下降，在这两种功能最高和最低的中间段，情绪不容易控制，同情心会更强。但不管怎么样，人的同情心是存在的。所以，只要我们能够认识到这一点，懂得如何博取他人的同情心，并将之用在我们说服他人的过程中，我们的目的就不难达到。

每一个人都有同情弱者的心理，我们也会在不同人的面前，呈现不同的强弱状态。因此，在强者面前，适当地示弱并不是装可怜，而是一种真诚的态度，这种态度会让他人更加容易设身处地地替我们着想，从而使我们更顺利地达到说服他人的目的。

说服他人需要技巧，而以弱克强在某些时候，就是一种不错的说服方式。大家不妨在说服他人时试一试。

3. 运用示弱的方式说服他人

在如今的商业时代，各种工作分得很细，人们想要生存和发展，沟通、合作是不可避免的。例如，过去生产一双鞋，只需一个人操作。现在则不然，在制鞋厂，这份工作被细分为很多部分，鞋帮、鞋面和配饰都由不同的人来完成，而且在整个工艺流程中还会有不同分工，因此，只有把许多人的努力结合起来，才能做成一双鞋。由此，我们不得不承认，每一个人的能力限度和作用范围，而往往我们想要做成某件事，自己所具备的条件和能力又无法达到。这时，我们就需要向别人求助，借别人的力量来创造条件，以达成我们的目的。所以说，在这样的社会中求人是很正常的现象，也是我们经常会遇到的事情。然而，有时候，我们在求助于他人的时候也会碰到各种阻碍，因此，这时就需要我们运用智慧来说服对方，让其对我们伸出援助之手。而这时放低姿态，向对方示弱，是一个值得我们尝试的说服方法。

向他人示弱，并不能说明你的人格就弱了。而一个人能做到这点，则恰恰显示了他的心胸和智慧。尤其在向他人求助时，自己的低姿态，往往会让对方的心里比较舒坦，从而给予你继续说下去的机会。作家沈从文的小说写得很好，在世界上都有影响，可是，他的授课技巧却很一般。但是，沈从文对自己还是很有自知之明的，因此，他在讲课时会先说一句话："我的课讲得不精彩，你们要睡觉，我不反对，但请不要打呼噜，以免影响别人。"由于他这样示弱的表示，反倒赢得了满堂彩。

从沈从文的经历中，我们不难得出这样的经验，以示弱的方式与人沟通，说服他人，真的是一种不错的方式。

海滩上有两种性格完全不同的蓝甲蟹：一种比较凶猛，从来不知道躲避凶险，和谁都敢开战；而另一种比较温和，不善于抵抗，遇到敌人时，便翻过身子，仰面朝天，任其捣它、踩它，无论怎样它就是不动，在那里装死。千百年后，人们发现，强悍凶猛的蓝甲蟹已呈现濒临灭绝的状态，而性情温和的蓝甲蟹却繁衍昌盛，遍布世界上许多海滩。

动物学家研究发现，强悍的蓝甲蟹，之所以在千百年后处于濒临灭绝的状态，其原因之一，它比较好斗，在相互残杀中死了一半；其次，因为其强悍而不知躲避，被天敌吃掉了一大部分。而性情温和、只会装死的蓝甲蟹，因为善于保护自己，则使得种族能够很好地繁衍下来。可见，示弱是保护自己的一种很好的办法。

许多时候，我们求人的实质就是谋求利益的交换，目的是为了壮大自己，让自己渡过难关更好地发展和生活。在求人的过程中，我们不妨以示弱的姿态来达成自己的目的。

西方人把口才、美元、电脑称之为立足世界的三大战略武器，而其中口才占其首，可见其社会作用被推至怎样的高度。那么，在向别人求助时，我们应该如何借助自己的智慧运用好示弱的方式，借助有技巧的语言来说服他人帮助自己呢？

首先，以低姿态出现让对方从心理上感到满足，使他愿意与你合作。一位博士在找工作时，遭到了很多家公司的拒绝，无奈之下，他决定换一种方法去应聘。他收起了那些证明自己学历的所有证件，以一种最低的身份去求职。这样，他被一家电脑公司录用为一名基层的程序录入员。过了一段时间，上司发现他才华不一般，竟然能指出程序中的错误。这时，博士亮出了自己的学士学位证，于是，老板给他调换了一个与本科毕业生对口的工作。又过了一段时间，老板发现他在新的岗位上也做得游刃有余，能力完全超出了一般的大学生。这时，他又亮出了自己的硕士学位证，老板又提升了他。经过前两次的事情，老板开始注意他，观察他，发现他比硕士的水平还要高，于是，再次找到他。这时博士才拿出他的博士学位证，并将自己这样做的原因说给了老板。老板这时才恍然大悟，毫不犹豫地重用了他。

其次，当我们求助于他人时，要从心底里把对方放在很重要的位置，并做到不露痕迹地表现出对他的尊崇。在这个社会中，每一个人都希望自己能成为主角，所以，我们在说服别人时，要懂得利用对方的这种心理。

美国前总统富兰克林，在青年时期，在费城开过印刷厂。那时，他也曾被选为本雪尔文尼亚议会的书记。在选举前，有一位议员发表了一篇演说。这篇演说明显地表示出这位议员对富兰克林的反对，而且其在议会里享有一定的地位。所以，富兰克林非常希望通过自己的说服得到他的支持。

一次偶然的机会，富兰克林听说这位议员有几部非常珍贵的藏书，于是，他写了一封简短的信给议员，说自己想看这些书，希望他能将书借给自己看几天。没想到议员接到信后，立刻就把书送了过来。几天后，富兰克林将书送去还他，并在书中附上了一封信，对他的热情表示了衷心的感谢。就这样，不久之后，当富兰克林与这位议员再一次在议院里遇见时，议员竟然主动上前与富兰克林握手交谈，还表示愿意在一切事情上对富兰克林给予帮助。

由这件事可以看出富兰克林在说服他人帮助自己时所花费的心思——他利用借书的契机，以书信的表达方式表示了自己对议员的真诚与尊敬，从而以不露痕迹的方式说服了议员，使其不仅不再反对他，反而愿意尽自己的力量来帮助他。

富兰克林巧妙地利用了人们喜欢被重视的心理，这里议员俨然成了一位施主，而富兰克林变成了一个祈求施舍的人。因为富兰克林聪明的说服方式，让议员感受到了自己地位的优胜和重要，因此，议员之前对于富兰克林的成见在很短的时间内完全消失了。

在生活中，每个人都有需要被帮助的时候。这是因为人的能力各有所长，人的际遇不尽相同，所以需要帮助是很正常的。那么，当我们有求于人时，该怎样去说服他，让他愿意帮助和支持我们呢？

事实上，我们不得不承认，当我们有求于人时，就已经说明了我们的局限性、我们的不足，不然为什么去请求他人的帮助呢？懂得这一点，在我们说服他人帮助自己的时候，就应该懂得运用示弱的方式，真诚地表现出一种“技不如人”的低姿态，唯此，方可获得对方的认同和帮助。

4. 弱之胜强，柔之胜刚

老子说："弱之胜强，柔之胜刚。"也就是说，柔弱的东西反而能战胜刚强的东西。同样，在说服他人的过程中，将这一哲学观点运用于其中，对我们顺利地达成目的一定会帮助不小。

说服，顾名思义就是劝说别人使其听从自己的观点。例如在销售工作中，有些人可以成功地将自己的商品推销出去，有些人想将自己的产品销售出去则没那么容易。销售是介绍商品为客户提供的利益，以满足客户特定需求的过程。在这个过程中，我们所有的努力都是为了将自己的商品卖出去。那么，要如何说服客户心甘情愿地掏出自己的钱来买我们的商品呢？这就看我们的沟通技巧了。

卖商品给客户，这从某种角度来说就是我们有求于客户，我们的目的是将自己手中的商品转化为钱币，然而，钱在客户的腰包里，他是否愿意拿出来与我们交换，就看我们如何说服他了。其实，在销售过程中，不是只有一种进攻式的说服方式，为了达到销售目标，需要一步一步地向前迈进。而巧妙地运用示弱的方式与客户沟通，往往效果会更好。在沟通的过程中，不要总是以为自己是沟通的主角，而不断说服客户认同产品和服务的本质、接受产品和服务的价格等。这种销售方式虽然也能帮助销售人员达到销售目标，但我们必须要清楚，这不是最高明的销售手段。

在销售过程中销售人员绝不能仅依靠进攻式的销售方法去销售产品——很多时候运用示弱的方式来说服客户购买产品，效果往往会更好。

在一家商场的手机专卖柜台旁，客户王琳正在为儿子挑选的手机与销售人员讲价。手机是三星手机中的一款，标价为2580。王琳很喜欢这款手机，但觉得价位有些高，于是，她向销售人员提出降价400元的请求。销售人员张妙也是一位女士，她开口对王琳说："大姐，您能挑中这款手机说明您的眼光很不错，三星公司在世界的知名度相信您肯定知道，三星的手机无论从功能还是质量上都没有任何问题。而您挑中的这款手机的价位也不是很高，我看您很喜欢，您儿子也挺喜欢的，您就拿着吧。至于价格嘛，我们是可以打折的，但是您给出的价格确实低了点。"王琳说："这款手机我还是比较喜欢的，但是我也知道，你们卖的这个价位肯定高了不少，我只给你2100元，你看行不行？"说完这一句，王琳又紧接着说："如果你觉得这个价格不行的话，手机我就不要了。"销售员张妙听完王琳的话后，看了看王琳，一脸的为难之色，"大姐，挑手机您真的很在行，但是您给的这个价格确实低了点，这已经超出了我所能给你打折的界限，我真的不能做决定。您再考虑考虑成吗？"王琳很坚决地摇了摇头，然后打算放弃。销售员张妙见状忙赔笑说："真是对不起，我确实没有权力给您让这么多的钱。看您也真的挺喜欢这款手机的，要不这样，我去经理室问一下我们的经理，看看这个价可不可以给您。您等我一会儿好吗？"王琳听完张妙的话后说："好，那麻烦你帮我问一下吧。"张妙笑着说："没关系，看您真的很喜欢这款手机，而我确实又不能做主。您等着，我去去就来。"

一会儿功夫，张妙从楼上气喘吁吁地走了下来，满脸歉意地对王琳说："实在抱歉，经理说这款手机最低只能卖2200元，您看怎么办？您这么喜欢，不然再加100元买回去吧？如果这个价您不拿的话，我也帮不上您的忙了。”王琳感动于张妙的尽心服务，对她的一再抱歉弄得不好意思起来，又一想就是多100元的事，买就买了吧。于是，她交款后拿着手机离开了商场。

事实上，这款手机，张妙是有权限卖出2100元这个价格的。但是她通过这种示弱的方式，反而多卖出了100元。示弱的好处就是让对方在无形中消除对你的戒备，使你更加顺利地达到目的。所以说，示弱是一种智慧的显现而不是妥协。张扬与低调相比，人们更喜欢后者。所以，这也是示弱之所以能被很多人利用于沟通交流的原因之一。

在生活中，人们都不喜欢很强势的人，而更愿意与性情温和、做事低调、说话谦虚的人打交道。和这样的人交流或者相处，周围的气氛总是和谐的，这会让人感觉到很舒坦，内心会处于一种宁静之中。在这种情形下，人们可以放下心中的芥蒂，拉近彼此的距离，从而更好地相处、交流与合作。而示弱就是一种理智的退让，是“曲线救国”的一种处事策略，能使人避开矛盾冲突。尤其在说服他人的过程中，最应注意的就是避开锋芒与矛盾，让对方在毫无戒备的情形下与你交流，这样更有利于话题的深入，从而为自己创造更多的机会来达成目的。

其实，示弱说服的方式，也是抓住了人们普遍具有同情心的一个特点，把自己放在一种能激发出对方有同样感受的情境中，让对方不得不做出有利于说服者的应答。《孙子兵法》中有言：“兵不厌诈”，“攻心为上，攻城为下”。示弱说服法，攻的就是人心，而无论在商业销售、营销中，还是在日常生活里，当我们面对种种矛盾或困境，需要动用我们的说服智慧时，不妨尝试一下示弱的说服方法。

5. 在说服他人时如何恰当地运用以弱克强的方法

“以弱克强”，就是四两拨千斤的做法。在生活中，我们往往会遇到各种问题，比如，与他人之间产生矛盾，遭遇到各种困境，需要与人合作，等等。这时，我们不得不想尽办法，将自己所面临的各种难题逐一解决掉。这就不能避免去说服他人，使其听从自己的劝说，从而解决掉我们所遭遇的各种问题。然而，说服他人并不是一件简单的事情，如果一开始就用错了方法，可能不仅无法解决问题，反而会使问题更严重。那么，这时候就需要我们开动脑筋，运用自己的智慧来更好地达成我们的目的。

无数事实证明，在说服他人的过程中，人们利用他人的同情心，采取向对方示弱的方法，会更容易使得对方同意自己的请求，最终达成目的。

运用示弱的方法说服别人，虽然是值得尝试的一种说服方法，但也要掌握好分寸。那么我们在运用这一方法时，都需要注意哪些问题呢？

（1）俗话说：“大树易折，弱草坚韧。”

人们普遍都有这样一种心理，那就是对比自己强的人，往往心存戒备甚至敌意。因此，在面对他人尤其是自己要去说服的人时，首先要摆正姿态——示弱。

在说服他人时，我们选择示弱，其目的无非是为了更顺利地让对方接受我们的劝说。同情心是人类与生俱来的特性，只要我们能够抓住这一特性，并运用我们的智慧，巧妙地将对方带进我们所设定的情境中，引起他的共鸣，使其对我们的遭遇能感同身受，那么，我们的说服基本就取得了成功。

（2）找准示弱的契机，以免弄巧成拙。

我们在有求于人时，无疑自己处在劣势的一方，但我们还必须要将局面扭转过来，成为进攻的主角。这时，我们就要有见缝插针的本领，不着痕迹地将自己所要表达的东西展示出来，致使对方不知不觉地被你带入其中。

（3）要学会揣摩对方的心思。

从他说话的表情、语气中，感知他对话题有多大的兴趣，你的示弱是否激起了他的同情心。

揣摩对方的心思，在说服中极其重要。我们说服他人时，是有目的性、针对性的，因此，我们所说的每一句话都应该是有用的，而有些话虽看似没意义，但实际上是为了铺垫，以将对方引入我们设好的思路中。而在这个过程中，察言观色是必不可少的，因为你通过对对方的观察，可以大致了解对方的情绪波动，这样你才好决定话题是否可以继续或深入。

（4）示弱要情真意切，让对方感受到你的真诚，从而更加确定他对你的重要性。

电视制作人李静曾在一次访谈中说起自己的故事。她说自己是一个善于示弱的人。她说她和他老公平时在一起的时间并不多，但是每次当自己遇到搞不定的事情时，就去问老公，听一听他的意见。这时的李静在老公面前俨然一副十足的小女人的样子：“哎呀，怎么办啊，你帮我想想办法吧。”老公听她这样一说就会很高兴，再忙，也会放下手头的事情，帮她出谋划策。而这时的李静就会不失时机地夸自己的老公一句：“这女人哪，有的时候没男人真的不行，听你给我这么一讲，我心里就有底了。你真是太厉害了！”听了她的话，老公就显示出一副得意的样子。李静还说，自己经常对老公说的一句话是“我没你不行”。

李静无疑是一个聪明的女人，她的示弱，情真意切地对老公所表达的那种依赖，自然会博得他对她有求必应的结果。生活中，许多女人抱怨自己的老公不懂得体贴，事实上，作为女人，也应该自己检讨一下自己。太过强势，不懂得示弱或许也是自己无法博得老公心甘情愿付出太多的结果。

说起来说服真的是一门学问。同样一件事，同样面对一个人，由不同的人出面处理这件事，可能所获得的结果就完全不同。

在学校，有些孩子很淘气，对于那样的学生，有的老师采取强硬的手段，比如，训斥或罚站等。表面上看，会起到一定的震慑作用，可是这并不能让学生发自内心地改正自己的毛病；而有些老师则不会用那样的手段，他们采取了比较温和的处理方式，取得的效果似乎更好。

大学毕业不久的陈老师在一所小学工作了一阵子后，慢慢也进入了状态，和那些天真无邪的小孩子在一起，她觉得内心充盈着快乐和激情。因为有了成功的第一课，这些孩子对陈老师印象挺好，所以上课时挺配合她。孩子们上课很认真，不用陈老师大声吆喝，很快便能自觉地安静下来。但正当陈老师对自己的成就暗暗窃喜的时候，却出了这样一件令她十分气恼的事。她上课时习惯时不时地走下讲台，走向后面的同学。一次，在给一个班级上课时，当陈老师面朝教室后面走去时，突然，一位女孩向陈老师告状："老师，某某同学在后面踢你，还做鬼脸。"陈老师立刻转过身，可是那个调皮的学生已经老老实实地回到他的座位上，他的行为引起班级同学的一片哄笑。气恼的陈老师真想把他立刻抓出来，狠狠地教训他一顿，以维护自己作为老师的尊严。可是她冷静了一下，什么也没做，继续上课。

下课之前，陈老师对全班同学说了一段话："刚才有位同学在老师后面搞怪，还踢老师。我不知道他是不是真的这样做了。即使他做了，我也会原谅他。因为这不完全是他的错，肯定是老师也有问题，可能是老师讲课讲得不够好，所以他不喜欢老师。不过，没关系，以后老师争取把课讲得再精彩一些，希望让每一个同学都喜欢我。"陈老师说这番话的时候，并没有故意看向那个调皮的学生，但她的余光却看到了那个孩子愧疚地低下了头。陈老师说，自那以后，在她的课上，那个孩子再没有做过出格的事。

显然，陈老师是一个善于用示弱的方式来解决问题的人。作为老师，能在学生面前放下姿态，用那样一番话来教育一个小学生实属难得。她的示弱，真正触动了孩子的内心，因此，这位同学才能彻底地转变，再也没有在陈老师的课上捣乱。可见，在说服他人的过程中，示弱的方法取得的效果是值得肯定的。

6. 示弱式说服重在攻心

《孙子兵法》中有言："攻心为上，攻城为下。"可见，攻心的重要性以及它的战略意义。如果将一次说服的经过当成是一场战役的话，那么，我们就能十分重视它并根据这样的理念来为这场战役做精心的准备。

说服的最终目的就是让对方按着自己的意图去做事，也就是通过劝说，让对方接受自己的建议，去做某件事。而由于没有一个人会轻易地被他人的思想所左右，所以说服他人并不是一件简单的事情。也许有些人会认为，能言善道就可以做好这件事。其实，未必。口若悬河，滔滔不绝地说，并不一定就能打动对方。有些人也许只是利用短短的几段话，便可以达到说服的目的。这其中所包含的智慧，还是需要大家了解一下的。

青蛙一天到晚不停地叫，可是没有谁会把它的叫声放在心上，而公鸡在清晨时的一声啼叫，却能唤醒很多沉睡的人。也就是说，话语多少不是最重要的，能否锲入对方的内心才是要点。一个说服高手，未必舌灿如花，妙语连珠。但是，他恰如其分的每一个字，却都能入对方的耳入对方的心，扣动对方的心扉，使对方在不知不觉中缴械投降。这其中，说服者就运用了攻心计策。所以说，想要出色地完成一项说服他人的任务，懂得抓住别人的心理很重要。

刘阳是一家公司的经理，在他的公司里有一位工程师，整天抱怨

工作时间太长，工作太多，希望刘阳给他配一个助手。这位工程师负责着公司许多台机器的运转，工作的确不轻松，但公司的人力有限，工作任务也很重，所以刘阳没有满足他的请求。

即便如此，这位工程师还是心满意足地投入到了工作中。那么，刘阳到底用了什么法子，使他心满意足地投入到工作中的呢？说起来这方法还真是简单，刘阳为那位工程师设了一个单人办公室，办公室外面挂上了一块带有“服务部主任”字样的牌子。如此一来，这位工程师感觉自己再也不是任何人都可以随便使唤的修理工了。他现在是一个部门的主任，他觉得自己很重要。也就是说，正是“服务部主任”这个头衔，让工程师感觉到了自己的被重视，从而任劳任怨地工作。这里刘阳就是抓住了他人喜欢被重视的心理，所以，他用那样的一种方式说服了工程师的抱怨。其实，工作还是原来的工作，只是用那样的一种方式，向工程师表达了他重视他的意思，以致工程师从此便换了一种工作态度。

可见，想要改变他人的态度，其说服的要点就是攻心。一个人不论有怎样的口才，在说服他人的过程中，如果不懂得去抓住他人的心理需求，就无法很好地达成目的。事实上，人们的心理大致是相同的，只要开动脑筋，善于从对方的角度去考虑问题，揣摩他人的心理还是没有那么困难的。

同情他人是人类共同的特性，没有一个人没有同情心。许多心理学研究者早已从无数个实例中证明人类的同情心是与生俱来的。因此，如果你了解了这一点并能很好地运用它来解决一些问题，那么你一定会受益不浅的。了解了人们普遍具有同情心这一特性，在说服他人的时候，就可以抓住这一点，采用适当的示弱方式，引起对方的同情，打动他的内心，让他跟随你的步伐向前走，如此，接下来的说服就顺利了。由此来说，示弱式的说服所采用的办法就是攻心。

在电视制作人李静接受采访时，她说她今天的成绩来源于她的情商，而且她说自己是一个善于示弱的人。在生活中，她不只在母亲和老公面前示弱，就是在自己才几岁的小女儿面前，她也常常运用示弱的方式，来取得女儿对她工作的支持。

那她是怎样说服只有四岁的女儿支持她工作的呢？她说："我女儿今年四岁，正是黏人的时候，在工作前，我必须先安顿好她。我对付她的法宝就是示弱。每天出门去公司，我都会装出一副很忧愁的样子对女儿说：'宝宝，怎么办呢？妈妈要去上班，如果妈妈不上班，公司里的哥哥姐姐就没有饭吃，可是妈妈也好想陪着宝宝呢，怎么办，宝宝能不能替妈妈想一个好的办法？'"每当李静对她的女儿这样说的时候，她的女儿就会歪着小脑袋认真地想一会儿，然后对妈妈说："妈妈，你去上班吧，宝宝自己玩。"可见，一个四岁的小孩子都有同情心，懂得为他人分担烦恼。所以，在李静看来，就算女儿很小，只要肯弯下腰来示弱，给她足够的信任，就可以达成自己的心愿。

试想一下，如果一个妈妈对那么小的孩子说，我要去上班了，你自己在家玩吧，肯定很难行得通。而李静却深谙示弱之道，并以此让自己顺利从孩子那里脱身。

示弱在说服他人时有着不可估量的作用。在商业活动中，许多有经验的销售人员正是利用了人们的同情心这一特性以示弱的方式来进行说服、打动客户，使客户心甘情愿地掏出自己腰包里的钱买下他的商品的。

说服，好像只是与语言有关，而事实上，它需要人们运用智慧，把握他人的心理，以攻心为主，让自己的话语直抵对方的内心深处，使其内心发生巨大变化，从而认可自己的观点。示弱型的说服，便是这样一种以攻心为上的说服方式。尽管你没有巧舌如簧的本事，但是你只要懂得示弱，能把握住对方的心理往往就能说服对方。

Chapter5

分析性格，用不同的说服方案征服不同的人

俗话说：“知己知彼，百战不殆。”同样，在说服他人时，想要取得预想的效果，首先要清楚你面对的是怎样的一个人，他有着怎样的个性，然后，再针对你对他的认识和了解，制订出相应的说服计划，这样说服的成功性才能更大一些。世界上没有相同的两个人，也就是说，任何一个人都有他有别于他人的相貌与性情，所以，在与不同人打交道的时候，采取不同的沟通方式是非常有必要的。如果你身在职场，需要说服领导做某件事时，就要根据他的性格脾气去制订说服他的方案；如果你是一个推销员，在面对不同的客户时，就要根据你对对方的观察，迅速分析出他是哪种性格的人，然后去制订与之相适应的说服方案。一般情况下，人的性格不外乎那么几种，如活泼型的、内敛型的、平和型的、完美型的等等。在说服他人时，只有了解对方，才能找到说服他的突破口，所以，想要成功说服他人，加强观察和分析的能力，也是必不可少的，因为，这是为说服工作打好基础的必备条件。

1. 如何与活泼型性格的人沟通

活泼型性格的人随和、健谈、擅长交际，大多数是人群中的焦点人物。而要想与活泼型的人进行良好的沟通，就要先了解他们所具有的如下特点：

（1）活泼型性格的人非常健谈，乐于与人交流，且在平常的交流过程中非常善于使用肢体语言。

（2）情绪化。

活泼型性格的人情绪变化快，而且很容易受到外界环境的影响。在电影院中，我们经常看到有人因悲情电影而大哭，或者因喜剧电影而大笑，这些都与活泼型性格的人相吻合。更有甚者，他们可能刚才还因为爱情悲剧而痛哭流涕，但转身看到周星驰的电影又会笑得前俯后仰。对于他们，别诧异也别质疑，因为这都是活泼型性格的人所具备的特质。

（3）天真富有幻想。

天性活泼的他们，就像是永远都长不大的孩子，总是瞪大眼睛对这个世界表现出极度好奇且天真烂漫的样子。即便他们年老了，这样的特质也不会有何改变，人们依旧可以从他们年老的身上找寻到孩童的天真无邪。而且，他们非常善于幻想，是懂得“自嗨”的人，知道如何能够让自己更快乐，呈现给人们的总是开朗、健康、向上的形象。

（4）活泼型的人极为注重外表。

喜欢接受人们对他们行注目礼。但这并不代表他们会穿着奇装异服出门，对他们来说，穿着哪套衣服出门只是因为它很有个性罢了。

（5）热情直率。

或许你认为抚摸、拍打一个人是很别扭的一件事，但对于活泼型性格的人来说，则是一件非常自然的事情。他们甚至会亲吻、拥抱他们的朋友，而且朋友之间的肢体接触对他们来说，根本就不算什么。他们非常热情，对任何感兴趣的事情都干劲儿十足。无论你的提议有多么令人诧异，但只要他们觉得有趣，任何事情、任何地点他们都能接受。

（6）具有丰富的想象力，并且创造性与行动力都很强。

聚会玩乐时，他们永远有新点子、新游戏能够让大家都参与进去，是各种聚会的组织者。思维活跃的他们非常适合做销售工作，有很强行动力的他们往往能够开发市场。但由于过于快速的思维跳跃，容易使他们不停地变换想法，所以他们做的很多事往往会半途而废。

（7）不要让他们做枯燥、重复性的事情，因为他们非常好奇，不想错失任何与新奇事件挂钩的机会。

即便前一秒他们还很专注地在做一件事情，可是一有任何的风吹草动，他们的注意力马上就会被吸引过去。可以说，找新鲜事做的总是他们。

（8）面对情绪不高的他们，你的一句赞美往往就能让他们立刻生龙活虎起来。

他们太享受这种赞美了，没有了赞美，他们就会觉得这个世界已经没有了爱，甚至他们的生活质量都会受到很大影响。他们热情、风趣、注重仪表……这都是因为他们想要得到人们的关注与认同。当然，善于制造美妙气氛与调动人们美好情绪的他们，也非常容易成为人群中的中心人物。

（9）活泼型的他们是交际高手。

在他们的字典里，根本没有“陌生人”这个概念。这厢刚打完招呼，那厢就已经可以和人家称兄道弟了。《红楼梦》中的王熙凤就是这类性格的人的典型代表。由于他们可以和任何人交往，所以他们的朋友非常多。但可惜，他们深交的知己却没有几个。

（10）天生的热心肠，很愿意帮助人，而且不管自己能不能做到，能不能做好。

当充分了解活泼型性格的人的特点以后，在与他们沟通时就可以针对他们的这些特点，有目的性地哄得他们眉开眼笑，这样成功地说服他们也是顺其自然的事情。

但在与他们沟通时要做到以下几点：

首先，在和他们沟通的时候，声音一定要洪亮。因为他们是那样热情，所以你也要非常热情地投入到与他们的交流之中，甚至还要利用身体语言来增强自己的表现力以吸引他们的注意。如果我们很镇定地平铺直叙般地和他们沟通，他们就会因为我们的平淡与无趣而失去与我们交流的兴趣。他们喜欢人们的认可与关注，所以在与他们讲话时，如果我们的眼睛能看着他们的动作，嘴角带笑地表达肯定与赞许，他们一定会心花怒放，觉得与你志同道合。这时，可能都不用你主动开口说出你的目的，他们就会主动要求帮你完成。

其次，不要轻易地批评他们。希望成为众人焦点的他们，非常喜欢被人夸奖，即便到了非批评不可的地步，也要注意批评的态度与方法，如果打击到他们的热情，他们就会把你拒之门外。

再者，倾听他们很宏伟的梦想与目标，即使你觉得很不切实际也不要表现出来。很多时候，他们也知道那不切实际，但喜欢把这当成是一种分享，而没有把关注点放在内容上面。请善待他们愿意与人分享信息、梦想、经历的愿望。这是一种与你促进关系、表达友善的特殊方式。

最后，活泼型的人因为有不注重细节、做事三分钟热度的习惯，所以，如果你们的目标已经一致，就要及时地催促与确认。最好不要只在口头上达成一致，还要把你们之间达成一致的内容形成书面文件，这样能够约束他们将此继续下去。只要与活泼型性格的人沟通时做到如上几点，那么你就会收获一个美好的沟通过程。

2. 如何与完美型性格的人沟通

之所以称完美型性格的人为完美型的人，不是因为他们有多完美，而是因为他们对待事物的要求非常苛刻，是典型的完美主义者。被子必须要叠整齐、衣衫必须要熨平、房间必须要洁净……他们最具象的特点就是一丝不苟，而他们的性格特征也多半与这个特质有关。那么，他们具备怎样的性格特征呢?

（1）深思熟虑。

他们对人生有很明确的目标，不仅明确而且长远。他们会把自己的目标全部规划好，并且在规划的时候已经把细节考虑在内。虽然善于分析与策划是他们的优点，但如果没有掌握好火候，他们就会给人留下爱挑剔、吹毛求疵的印象。

（2）“所有的天才都具有完美型性格的一些特点。”

这句话出自于古希腊著名的哲学家亚里士多德之口。完美型的人是非常有天赋、有创造力的人，他们可能有多方面的才华，而且与艺术相关的领域他们大多能够做得很好。

（3）非常具有秩序感。

有人曾经做过这样的对比：活泼型的人永远行走在寻找乐趣的路上，完美型的人却在这条路上架构秩序。他们喜欢追求精确，并且在这一点上非常坚持，所以在企业中完美型的人适合做财务类的工作。他们的标准就是：如果做了，就要做到最好。所以相较活泼型性格的人来说，工作交给他们可能会做得更好。

（4）注重细节。

在和完美型性格的人交流时，你的一个眼神、一个动作甚至哪句话变了声调他们都会照单全收，并在大脑中加以分析与思考。哪怕你只是无心的一句话，他们也能够依据你此刻的表情与态度分析出你潜在的意思，所以大多数完美型性格的人都是敏感与多疑的。

（5）注重仪表，喜欢干净整洁的套装。

男士会注意到领带颜色、皮鞋是否光亮等影响到他们穿着整齐得体的细节，女士甚至会把每一根发丝都梳理得恰到好处。总之，他们的一切，都会显得井井有条。

（6）在交友方面，用宁缺毋滥来形容他们的交友观简直是再恰当不过了。

因为他们追求完美，所以对友人的选择标准也很高，而且交友的态度非常谨慎。虽然这使得他们不像活泼型性格的人那样朋友满天下，但他们的朋友却都是知己型的。

既然完美型性格的人很认真，那么在说服他们的过程中就要格外注意这点，以免引起他们的反感。这就要求你在和他们沟通的过程中，必须要全神贯注地融入到谈话中，显出你对此次谈话格外重视，而在说服他们的时候可以将一些话语转换成具体的数字来赢取他们的认同，显示出你的理性与逻辑才能和他们站在同一个高度上看问题。此外，在说服他们之前你还要做好准备，因为他们会在交谈中问你很多次“怎么办”。注意在回答过后要给他们留下思考的时间，让他们自己权衡利弊。通常，你准备的谈判材料越多，给他们的思考空间越大，成功说服他们的可能性就越高。

每个人都希望得到他人的认同，并被人赞美，但对于完美型性格的人们来说，赞美不光是要口头上对他们表示肯定，而且你还得举出具体的事实来夸赞他们，这样他们才不会觉得你只是在客套。

由于完美型性格的人将细节与安全感放在非常重要的位置上，所以在沟通时一定要注意动作的细节和内容的细节，不要以为你们之间已经谈得很好了就可以肆无忌惮地靠近他们——近距离的身体接触、较小的个人空间都会让他们感到不自在，此时的他们是无法对你的要求产生认同的。所以，一定要把握好与他们沟通时的肢体语言的幅度。

在与人沟通时，真诚是很关键的，而对于完美型性格的人，这更为重要。如果你在与他们进行沟通时表现出你的真诚，他们就会肯定你，认可你的观点。这样一来，你就能成功地说服他们接受你的观点。

3. 如何与力量型性格的人沟通

有一类人的性格与活泼型性格的人很像，非常外向。但他们的控制欲非常强，而且脾气很暴躁，喜欢掌控一切，这种人就是力量型性格的人。

而想要和力量型性格的人拥有良好的沟通，必然需要了解他们的性格特征。那他们拥有怎样的性格特征呢？

（1）拥有无与伦比的领袖气质。

可能你身边就有这样的朋友，他们似乎天生就对权力有渴望，当他们从婴儿车中张望这个世界的时候，就已经学会了用大喊大叫来表达他们想看什么，不想看什么。他们从不想接受任何指令，年幼时就开始对父母的事进行干预，并且对家事指手画脚。不要怀疑，他们就是力量型的人。力量型的人似乎天生就是领导者。他们喜欢站在金字塔的顶端发号施令，这使得他们在各个时期都是人们的领袖。

（2）敢于冒险。

他们是勇士的最好诠释，如果公交车上有人被抢劫了，那么冲上去帮忙追回物品的一定是力量型的人。富有强烈的冒险精神，总是敢于做“第一个吃螃蟹的人”。所以在生意场上，很多成功的人都是力量型的人。

（3）决策果断。

在力量型的人身上你看不到犹豫与纠结，因为他们非常擅长做决定。快刀斩乱麻是对他们做决断时的最好说明，绝不拖泥带水是他们性格的最真实写照。

（4）工作努力。

说他们是工作机器一点都不为过。他们没日没夜地工作，不仅自己工作，还会根据需要安排其他人一起工作。如果你对他们说，他们的工作没有做好，就会刺激他们拼命般地工作。这种极强的承受能力，使他们无论是顺水行舟还是逆水推舟都能很好地适应，并能克服艰苦的条件与环境。永远盯住自己的目标，不达目标誓不罢休的他们，就是所有人的目标导向。

（5）坦诚直率对于力量型的人来说是一把双刃剑。

在与人交往的过程中，他们会因为这份坦诚与直率受到大家的欢迎，是大家可以放下防备用心相交的朋友，但有时太过于直率、太过得理不饶人也会引起人们的尴尬与不满。所以，他们会在赢得一部分人的同时也伤害一些人。

面对天生的领袖——力量型性格的人，想要在与他们沟通的过程中说服他们就要拿出自己的信心与实力。对于直接的力量型人来说，单刀直入是非常适用的手段。不要有太多的客套与寒暄，那会让他们觉得你很虚假，并且是个没有实力的人。直接地表达你的目的与来意，千万不要在他们的面前表现得优柔寡断。如若不然，你将很难与他们继续沟通下去。

在与他们沟通时也要注重细节。面对完美型的人可以不要有太多的眼神接触，因为他们需要安全的个人空间。但面对力量型的人，你必须要勇敢地与他们对视，让他们感受到你的自信与态度，这样你才能赢得他们的好感与认同。

力量型的人自信，喜欢挑战的他们也希望能够从对方身上感受到和他们一样的自信。而在与他们沟通的过程中语气要坚定、自然，声音要洪亮、自信，说话速度可以适当地加快，这样可以向他们展示你有非常明确的目标，他们也会根据你的目标进行思考。如果你在态度上含糊其辞、目标上模棱两可，他们就会对你的提议产生怀疑，这样你就很难说服他们。

力量型的人固执己见、独断专行，他们的脑里心里都只想着一句话："听我的没错。"所以，在与他们沟通时要尽量去满足他们的这个要求，要在他们讲话的时候认真听，让他们感受到你在他们的控制范围之内。但认真听不代表不能有任何的反驳意见，如果你有任何的疑问或不满，一定要在听完他们的讲话之后尽快地发表意见，因为在他们的"听我的没错"的心理之下，你所有的沉默都是对他们的肯定，对他们的服从。但在发表意见时，千万不要流露出你对他们的讥讽或取笑，这会激起他们非常强烈的逆反心理，甚至这会致使他们做出针对你的攻击行为。无疑，在这种情况下，你们是很难继续沟通下去的，而你也很难说服他们。

4. 如何与和平型性格的人沟通

《西游记》中的师徒四人是四种性格的典型代表，而和平型性格的代言人就是沙僧。纵观《西游记》全集，最让人没有印象感却也最让人放心的一个人物想来就是沙僧了，而这一切都源于他是一个和平型性格的人。

想要与和平型性格的人沟通，并且能够成功地说服他们，自然需要掌握这些人的性格特征。具体来说，他们具备以下性格特征 ：

（1）和平型性格的人与世无争，大都有着平和的心态，无论是在心理上还是行动上，都是不慌不忙。

我们总是能看到他们面带微笑，迈着不慌不忙的步伐，用着不急不缓的语调，说着不轻不重的话语。即便是他们非常不注重自己的仪表，也不经常打理自己的行装，但你也总能在他们一派轻松的言行举止上感受到从容与淡然。知足常乐的他们，好像天塌下来都不能触动他们的情绪。

和平型性格的从容与淡然让人们总是觉得他们是没有情绪的人。是的，的确少有能够刺激到他们的事情。即使你打骂他们，也很难从他们的脸上看到恼怒的表情。

（2）他们是绝佳的倾听者。

你不必担心他们将你的秘密向他人全盘托出，也不必担心是否有什么错误让对方指正使自己难堪，善于倾听的他们，不仅会在倾听的过程中积极地配合你，给你一些微笑、点头的动作鼓励你继续说下去，还会安静地听你说。他们不会随意打断你的话，更不会在你诉说时频繁地插嘴，能充分满足你一吐为快的心理。

（3）不喜欢引人注目的他们注定会有许多的朋友，因为他们能够满足所有人的表现欲。

如果你去他们的家中做客，他们会把自己所有的事情暂且放下，专心地陪你聊天。这种“暂且”是不计时间的，只要你想，只要他有。但拥有众多朋友的他们，跟谁都是泛泛之交，因为平和的他们待谁都是这个样子。如果你去向某个人打听某个和平型性格的人，那人一定会告诉你：“他是个老好人！”

（4）吃起饭来细嚼慢咽的他们，处理起事情来也显得优柔寡断。

即便是他们看准了一件事，可心中还是会有“两个小人”在打架。“就这样吧，可以这样做。”“不行，这样做不太好。”不断地纠结，不断地盘算与衡量，从没有马上下决断的时候。他们没有力量型的人那样有魄力，做每一件事都会思考很多问题。而前怕狼、后怕虎的他们也因为这小心翼翼、瞻前顾后的性格错失了许多机遇与挑战。

（5）他们富有同情心，会尽自己的全力去帮助那些需要帮助的人。

而且在生活中不管遇见什么冲突他们都会竭尽全力地去缓和纷争，化解矛盾。只要有他们在场，所有的不快都能够烟消云散。可以说，他们是人际关系中不可或缺的润滑剂。

四种性格类型中，和平型性格的人是最容易被说服的。针对重关系而不重结果的他们，只要你能够在与他们沟通的过程中保持良好而平和的氛围，利用情感与他们建立良好关系，他们就会很容易地被你说服。

但在与他们交流的过程中，语速要慢，语调要低，要与他们保持一致；注意眼神的交流，次数可以很频繁，但要注意每次接触的时间不宜过长，更不要盯着他们，那会让他们感到不自在，因为他们不喜欢被人过多地关注。

在与和平型性格的人沟通时不应太急切地说服他们，要给予他们足够的时间，这样才能够了解他们最真实的想法，从他们那里得到自己想要的信息。

和平型性格的人虽然有着低调而不引人注意的性格，但他们明确地知道自己的优势与长处，所以在与他们沟通时不要只顾着自己的表现，对他们进行适当的赞美会使他们向你打开心扉。

如果有必要，在与他们沟通时也可以通过示弱来赢得他们的同情——富有同情心的他们可能会因为对方是“弱者”的身份而不忍拒绝你提出的一系列要求。

每个人表现出来的行为其实只是他本人性格的冰山一角，在这种表象下面，还有每个人因生活环境、经历、文化修养等方面的不同而产生的差异。虽然仅以这四种类型作为划分稍显简单，但了解这四种性格划分便会帮助我们更好地了解他人在特定情况下的行为方式。对他人了解得越多，在与人沟通时才会越加自然与准确，并能对他们的言行做出恰当的回应，获得对方的理解、认同，继而向我们打开心扉。也就是说，在交流过程中，以对方喜爱的行为模式传递自己的信息时，对方才可能会理解我们在言行中所传递出的信息，并有可能接受我们的观点。为了增加自己对他人的影响力，我们必须按照他人的喜好对自己的行为模式做出调整，以求增多与对方的共同点，使自己的谈话更容易深入下去，从而获得说服对方的机会。

Chapter6

言之有计，让他轻松陷入你的语言圈套

很多时候，在面临一些很难说服的人或者难以解决的事情时，直接去进行沟通难免会出现障碍，对方也会因为立场问题、言谈问题不断地发难，甚至干脆对一些话语带有抵触情绪而不加以配合，而这些都有可能导致说服的失败。但是，“曲线救国”就能除去这种尴尬的局面，克服这些障碍。其实，说话的技巧有很多，不仅需要良好的口才，还要学会如何运用口才。然而，靠嘴去说服别人的人并不是一个成功的说服大师，只有在言语之中加入一些小技巧，在不动声色之间让他人不知不觉就陷入到你的语言圈套中，你才有资格被称为有口才、有智慧的说服大师。

1. 以静制动，消耗对方的锐气

1945 年 5 月，德国法西斯宣布投降，第二次世界大战欧洲战场的战争由此结束，英、美、苏三国首脑丘吉尔、杜鲁门和斯大林共同参加了波茨坦会议，共同研讨战后胜利果实的分配问题。

会上，杜鲁门暗示斯大林说："我们已经拥有了比导弹更具杀伤力、更具有威力的武器。"别有用心地反复暗示美国已经成功研制出原子弹，并说明它的强大杀伤力，以此来试探斯大林。说完之后，杜鲁门一直盯着斯大林的表情和动作，但令他失望的是斯大林竟然一点反应都没有，他的表情就像一潭平静的湖水，无波无浪。此时一起观察斯大林的还有丘吉尔。会后，丘吉尔向杜鲁门说："我也在观察斯大林，从我的角度来看，他也是没有任何反应，甚至手指都没动一下。自始至终，他都在认真听你说话，他的表情是那么平静，就好像早就得知你们研制成功了原子弹，而且并不惧怕它。"

杜鲁门本想靠着原子弹做后盾，在会上多捞取一点好处，但表面看似平静的斯大林却没有给他这个机会。

事实上，斯大林的内心非常震惊，毕竟原子弹的杀伤力非比寻常。但他在极力地控制自己，以不让自己的表情、动作、语言出卖了他此刻波涛汹涌的内心。面对杜鲁门的暗示，斯大林清楚地明白自己稍有风吹草动就会给对方可乘之机，而只有按兵不动才会让对方有所顾忌，不敢轻举妄动。而斯大林就是靠着这份以静制动，才磨灭了杜鲁门的锐气，继而使他放弃了原本的意图的。

在紧张的谈判桌上，在互相角力的较量上，没有什么比沉默更让人胆战心惊，也没有什么比沉默更让人难以忍受的了。西塞罗曾说：“在激烈的辩论之中存在着艺术，在无声的沉默当中艺术同样存在。”不要认为，只有舌灿莲花的好口才才能够说服别人，适时的沉默更容易打破对方的防线，让他在这份压抑中败下阵来、缴枪投降。

甲和乙都是房地产销售人员，二人同样拥有一副好口才，但却拥有不一样的业绩。

甲每次带着客户去看房子，都在不停地说，而他每次都觉得自己和客户的沟通是那么顺利，顺利到马上就可以签单，可就是在准备签单的时候，这种顺利却戛然而止了。他不知道为什么，自己拥有三寸不烂之舌，就是最烂的房子自己都能找到它的优势，最终让客户满意，但为什么总是在最后一步的时候，客户都选择退却了呢？

乙每次带着客户去看房子，也特别能说。房子如果小，他就说房子住起来温馨，有家的气息；房子若是大，他就说住着宽敞明亮，高端大气；房子若是旧，他就说有复古气息，能感受20世纪80年代的潮流，而当夕阳无限好时，对窗看书是多么地有格调；若房子崭新，他就会说客户住进这个房子特别省心，基本保证了拎包入住。总之，每次客户都被他说得心动不已，喜笑颜开。但每到一个时刻——客户在看完房子后沉默不语四处打量时，他就会跟着沉默，不再多说一句话。而往往当客户打破这种沉默时，都预示着乙又成功地签下了一笔单子。

为什么同样都拥有好口才，境遇却千差万别呢？是遇到的客户不同，还是真的是命运使然？不，真正的原因是乙比甲懂得沉默。当你把房子的优缺点都向客户展示过后，客户沉默下来的意思就是他现在需要思考了，而此时甲一再地进行强调，反倒给客户留下“他怎么这么能说，这么急切地想要我买下来不会是因为有什么问题吧”的印象。乙则不同，乙懂得适时的沉默以留给客户独立思考的空间，给客户放松的感觉，让他们可以不至于因为销售人员的催促而做出仓促的决定，从而出现后续的问题。当客户在沉默时就是他在考虑要不要成交时，所以像乙这样有经验的销售人员就会以沉默来进行他们最有力的说服。正是缘于这点沉默，乙的销售业绩要比甲的销售业绩好很多。

沉默还可以引起对方的注意。当对方长时间地和你同处于一个空间时，就会不自觉地转移了自己的注意力，而这时你突然地沉默可以瞬间将他的注意力牵引到你的身上。就像我们看电视时，时间长了就会累，变看为听，而这时如果电视突然没有声音了，你就会不自觉地去看向电视屏幕，想知道为什么会没有声音了呢？你会迫切地想要了解到底出现了什么情况。

说服的过程就像谈判，就像辩论，不仅要在口上赢得上风，更要在心理上给对方造成压迫。一般而言，我们都喜欢在说服之前营造良好的氛围，从而让说服工作更加有效地展开，但有时，也要懂得用手段有意识地让对方感到非同寻常的压力与不自在，这样他们才会产生紧张甚至胆怯的心理，让我们的情绪成为这场说服工作中的绝对主导。利用这种战略，往往能够取得较为显著的效果。因为无论是谈判还是说服，都涉及彼此之间心理上的交涉与抗衡，如果你能在这场抗衡中掌握对方的节奏，了解对方的心路历程，注意交涉当中的心理变化，利用沉默的气场去压迫对方，往往就胜券在握了。

如何利用沉默让对方产生忌惮心理，不敢轻举妄动，也算是一门学问，一种谋略。而当你选择用沉默当武器时，就要注意，不要因为当时的气氛有多么的糟糕、多么的尴尬而去选择主动打破沉默——当对方被你的沉默说服时，你就是胜利者。

2. 正话反说，让你的负面渲染更有力量

在说服中，我们时常会有这样的疑惑，同样是说服某个人，同样是针对某件事，我们总会千方百计地让对方知道这件事这样做会有多么大的好处，对于他来说是多么有利可图的一件事，可是对方对此却无动于衷。而另一个人，每次都对对方说如果不这样做会产生多少损失，对方将会多么遗憾，效果却好得出奇——对方每每都会被这样的“威胁”说到妥协。

其实归根结底，这都是缘于人们强大的自我保护欲。人类是非常善于保护自己的，每一个关口都有一道坚固的防线，保护着自己避免外界的入侵，不到万不得已，是不会撤下自己的防线让他人大摇大摆地进入的。而当我们不经意间说出不利的结果时，人们往往会因为不利结果而产生的不安或惶恐将防线撤离，从而很轻易地被说服。而且经过大量的实践证明，这种“正话反说”在说服中是具有非常好的效果的，尤其是涉及对方利益时。

从正面说：“林先生，如果您买这个保险，每月存入 3000 元，那么 20 年之后，光是您自己的本金就有 72 万元。不仅如此，这期间还有利息和公司的分红，20 年后，您就可以不用为您的退休生活而有任何苦恼了，因为已经有一大笔钱在您的账上，您只管享受就好了。”从反面说：“林先生，您现在的生活确实不错，可是 20 年后您退休了呢？根据调查显示，我们身边有百分之八十的人都是在退休之后，指望着儿女的扶持才能很稳定地生活。可是，现在年轻人压力这么大，

而且现在的年轻人与我们的生活观念存在着很大的差异，他们非常不善于储蓄，每个月的储蓄率连我们的一半都不及，而到您年老时，他们可能连自己都无法照顾好，还能照顾到您吗？就算您不为自己想，也要提前为儿女们存下一笔钱防患于未然啊。”

很多人都是在听完反面叙述之后才下定决心每月拿出3000元去买这份防患于未然的保险的，而这也与研究结果相一致。研究结果表明，人在听完积极的、肯定的消息后，其情绪也会被这种积极影响，从而感到放松甚至愉悦，而在这种状态下，人都是有惰性的，不愿意去改变已经感到非常满足的现状。而人们在听完这种积极的消息后，如果只是微笑着点点头却没有付诸任何的实践，没有采取任何的行动，那么这个说服就是不成功的。相反，一个人在听完负面的、消极的消息后，其情绪就会被负面消息所感染，出现不同程度的惶恐不安、担惊受怕，这时就需要采取一些行动去改变这个不安的局面，而当我们给出策略和改变的希望时，他就会按照我们的想法进行活动。

塞尼加说：“只损失金钱的人，这种损失是很小的；损失了健康的人，这种损失是很大的；而损失了勇气的人，他就失去了一切。我们的恐惧总是比我们的危险更多。”就是利用这种心理，所以以损失作为诱因的说服法总是能够立即奏效。人们害怕损失，当利益和损失一同放在他面前时，损失就会让他产生更为强烈的情绪波动，而且这种波动会促使他采取行动，避免损失。

加州大学的一些教授曾经做过这样一个实验，他们让学生分为两组，分别扮作电力公司的员工去告诉同一个小区里的两组人，要节约能源。第一组学生是这样对小区里的一组人说的：“如果你们能够节约能源，那么你们每天都会多出50美分的收益。”第二组学生是这样对小区里的一组人说的：“如果你们不节约能源，你们每天都将会损失 50 美分。”而一段时间过后，小区里的第二组人在节约能源方面比第一组人整整高出了 3 倍。同样都是 50 美分的收益，但告诉人们损失却比告诉人们收益要高出 3 倍的说服力。如果你掌握了这点，那么在以后的项目合作中，就不用再为对方推辞而苦恼了，你只需在告诉对方好处的时候，暗示一下如果不这样做，他会有多少损失就可以了。

英国前首相丘吉尔说：“当一个人面对危险背过身去打算逃避时，危险就加剧了。”很多人都知道这种“正话反说”的威胁很有效。一个说服老手，会在说服之前千方百计、不择手段地揣摩到对方的心理意图，而一旦掌握了对方的心理，施以巧计，正面反面一同刺激，成功说服对方就是早晚的事了。

大家都知道“唐雎不辱使命”的故事。唐雎为什么能在强盛的秦国、强大的秦王面前不辱使命成功地说服秦王取消收复小小安陵的意图？就是因为唐雎踩到了秦王的命门：秦王看重自己的性命超过他看重任何人、任何事。而唐雎则以自己的性命相要挟：“专诸在刺杀吴王僚之前，有彗星的尾巴扫过月亮作为先兆；聂政在刺杀韩傀之前，有白虹冲向太阳作为先兆；要离在刺杀庆忌之前，有苍鹰扑击殿上作为先兆。今天，我就是那第四个人。我们布衣之士发起怒来虽然血只能流五步之远，但是天下的人都要为这五步之远的血而穿上白色的丧服。”说完就要飞扑而上刺杀秦王。秦王在这种要挟面前做出了妥协，放弃了安陵。

唐雎是用了威胁的手段胁迫对方进行退让的，很明显，唐雎看重安陵胜过自己的生命，而秦始皇看重自己的性命胜于小小的安陵。每个人都有每个人最在乎最看重最不能妥协的命门，只要在这一点上加以利用，就能够顺利地完成说服他人的任务。

总结来说，“正话反说”的负面渲染只是一种说服的手段，主要起传递的作用，意在告诉对方不这样做的话将会面临的损失，从而利用对方的不安心理达到说服对方的目的。但在说服的过程中，还要注意负面渲染的度，这种“度”稍有不慎就会起到相反的效果。在“威胁”中要注意这三点：注意态度，虽是“威胁”，但要用友善的态度去沟通；讲明道理，不能为了威胁而威胁，要讲明其中的利弊，虽然可以适当地夸张，但还是要让对方自己做决定；注意程度的把握，如果太过火，不小心激起对方的逆反心理，就会形成反效果。所以在运用这个技巧之前，一定要对对方做出全面的了解与判断，计算好这样做的风险，做好失败的准备。

3. 隐藏动机，和对方站在同一立场

当对方与自己明显是两个阵营时，一般的说服技巧已经很难再派上用场，因为针锋相对的理念已经很难扭转，也很难让对方信服。此时，不妨将自己的立场与动机隐藏起来，利用巧妙的语言和复杂的心理战术，将自己的理念变成对方的理念，将自己的想法变成对方的想法，此时再让对方反对“你”的理念与想法自然是不可能了。

“你这样说让我想到……”“和你一样，我也这是这样想……”“根据你所说的……”，如果在对话中适当加入这样的语言，将他变为自己阵营中的一员，这样对方自然会很快接受“自己”的观念。当你想说服对方时，这是一种非常好的技巧。

在说服他人时，如果直截了当地阐明自己的观点，让对立方试着去接受往往十分困难，但在交流过程中，不时地恭维一下对方，即使主导权在自己手上，对方也不会有太强的排斥感。

1787 年的美国费城，被一场争吵激烈的会议所感染，整个城市显得压抑而沉闷。这场会议就是宪法制定会议。会议上，赞成派和反对派针对《宪法草案》争论不休，当争论上升至白热化阶段，双方似乎已经顾忌不到许多，竟然有开始进行人身攻击的势头。面对反对派的侮辱，富兰克林不急不缓地站起来，平和地说道：“对于《宪法》的某些内容，我也并不是完全赞同。”这一席话，使争吵中的众位议员都安静了下来，怔怔地看着他。赞成派的人也狐疑地看着他，等着听他接下来的话。富兰克林继续说道：“也许各位对于宪法中的细节还有一些异议，我也一样，对于我所赞成的《宪法草案》我也并没有多大信心，此刻的我，和你们一样，对宪法持怀疑态度，我就是在这样的态度下签署这个法案的。”接着，富兰克林集中强调了为什么自己持怀疑态度，但还是要义无反顾地签署这项法案的原因，最后，法案成功制定。

在这次说服中，富兰克林就是先隐藏了自己的动机，和对方站在同一个立场上，使对方放松了对自己的警惕，从而说服了他们，成功地推动了法案的制定。

Chapter7

换位说服，站在对方的立场上分析问题

在我们的工作或者生活中，我们总是会与人交流。如果不能有效地与人进行沟通和交流，这对任何人来说都是一件很痛苦的事情。之所以有些人不能很好地和他人进行交流，最大的原因就是他们从来都不曾以对方的立场去思考问题。一个人在与人交流时只有懂得站在对方的立场上去考虑事情，才会得到他人的认可，与他人形成有效交流。

我们在平常与人交谈时，要想让人对你产生信服，相信你说的话，就必须让对方先对你产生好感，在对方对你产生信任之后，他们就会认为你说的话是在为他们考虑，为他们着想，这样你才可能成功地说服对方。所以，在说服他人时你必须要站在对方的立场上思考问题和处理事情。

在我们说出自己的想法之前，先从对方的立场出发，考虑事情，表示对对方的理解与认同，这样我们就可以吸引对方继续听我们讲下去。没有人不想得到一个了解自己明白自己的知己，任何人都渴望得到别人的理解。因此，一句简单的“我完全理解”，很可能就是打开对方紧锁心门的钥匙，这也或许是说服对象最想听到的一句话。因为，在你说出类似这样的话时，你就会成功地触动到对方内心最薄弱的地方，让对方对你的好感剧增。这样一来，之后无论你说什么，对方都会认为你说得有道理，说得非常正确，会不由自主地赞同和认可你说的话。因为在他们的心里，已经将你归到了己方的阵营当中，认为你说的任何话都是在为他们着想，因此他们会觉得你说的话都是对的。

站在对方的立场上说话，说话之前先为对方考虑，往往能让我们说出的话深入到对方心中，让他们觉得我们所说的是正确的，是“言之有理”的。只要我们能正确地使用这种说服技巧，我们就能轻松地说服对方，让对方听取我们的观点和意见，打赢这场“说服战”。

1. 换位思考：如果你是对方你会如何做

在生活中，由于人们所处环境和扮演角色的不同，因此很多时候每个人对一件事情的看法都会存在诸多差异。但这并不是说他人的看法是不正确的，这时，换位思考一下，或许我们就会理解他人的想法，而这样也会使我们更容易展开对他人的说服行动。

想要说服他人，必须先消除与他人之间存在的矛盾与隔阂。换位思考就可以很好地消除人与人之间的隔阂，并能将矛盾进行转化。换位思考可以促进人与人之间的交流，有助于就谈话内容达成共识。宽容大度的人一般都懂得换位思考，这有助于他们说服别人认同自己的观点。现在的社会关系十分复杂，人的思想也更加复杂，而只有学会了换位思考，才能使更多的人认可你，让你得到更多人的支持。此外，换位思考还能使家庭、企业甚至是社会变得更加和谐。

我们在生活中，都有着一个公开对外的身份，这样有助于我们更好地生存，但也使得人们总会站在自己的立场上去思考和为人处事。

我们都有过被“冒犯”的时候，如果一直对此耿耿于怀，心中就会产生难以解开的疙瘩。所以，我们应该体察对方的处境，这样或许双方就可以达成谅解。

卡耐基曾经这样说过：“与人相处是否融洽，主要在于你能不能以换位心理，理解和接受别人的观点。”以换位心理，以对方的角度去看待和处理问题，体谅他人的难处，便能很容易地与对方相处。换位思考是生活中处理好人际关系的一大法宝，对沟通双方都有益处。

如果站在对方的立场考虑事情，那么传递给对方的将会是尊重和理解，这样有利于彼此之间产生好感，容易达成共识，并给予积极回应。

因此，在我们企图说服他人去做某件事情的时候，在沟通之前，必须进行换位思考：如果你是对方，那么你会如何做呢？

鱼儿在海里游，它不明白天上的大雁为什么飞得那么凌乱；大雁在天上飞，它不明白海里的鱼儿为什么游得那么磨蹭。如果它们可以互换一下角色，或许就会明白，鱼儿在海里游，那不是磨蹭而是成熟；大雁在天上飞，那不是凌乱而是自由。

一年当中的每个季度，卡耐基都会租用一家大酒店的礼堂用来讲解社交培训课程。有一次，他正准备讲解，却突然接到通知，酒店礼堂的租金提升到了原来的3倍。但是这个时候入场券都已经发了出去，所有准备讲解的相关设置都已经全部到位。

几天之后，卡耐基找到了酒店的经理，说道："我在接到你们给予的通知时，有些吃惊，但是，这也怪不得你，因为如果我身处你的位置，或许也会这样做。你是这家酒店的负责人，你有义务使这家酒店获得更多的利润。只是，或许我们应该计算一下，增加礼堂的租金，对你们酒店是利是弊。

"咱们先说有利的方面。如果酒店礼堂出租给举办舞会、商务晚会的，而不是出租给举办演讲授课的，那么你们得到的收入会高很多。因为举行类似舞会的活动，一般占用的时间都不会太长，但是他们却可以一次付给你们很高的租金，肯定比我给予的要高出很多。所以，租给我，很明显你比较吃亏。

"分析完了有利的，那么我们再来讨论一下不利的一面。你将我的租金提高到原来的3倍，导致我担负不了这样高额的租金，因此只好离开，这样就会减少你的收入。还有就是，我所讲授的培训课程，吸引的都是众多有文化、受过高等教育的管理人员，他们到你的酒店来听课，对你们酒店而言，相当于免费为你们做了广告宣传。但是，如果你仅仅只投入 5000 美元钱在广告宣传上，那么你肯定邀请不到这么多人来你们酒店进行参观，可是我在此举办的培训课程却做到了。这对你们酒店来说难道不是更合算吗？”

说完之后，卡耐基起身离去，并提醒道：“请你认真考虑一下再给我答复。”最后，酒店经理还是以原来的价格将礼堂出租给了卡耐基。

卡耐基在谈话过程中，没有说一句有关自己目的的话，他完全是站在对方的立场上思考问题的。所以，最后他成功地说服了酒店经理，得到了他想要的结果。

其实，这也是一种宽容，理解他人，宽容他人，而当我们做到这些的时候，也会得到我们自己想要的结果。

法国大文豪雨果曾经这样说道：“世间最宽广的是大海，但比大海更宽广的是天空，而比天空还要宽广的，则是人的胸怀！”

人生在世，很多事情都不可能尽如人意。在生活当中，有很多事情都会让我们非常烦躁。比如，同事之间，别人都是一帆风顺，凯歌高奏，但自己埋头苦干、辛勤工作后，还是得不到领导的认可或者公正评价。现实总是存在着诸多不公，我们可以叹息，但却不能怨天尤人。在工作中我们应该摆正自己的位置，换位思考一下，这样或许就会发现，原来是自己不够好，不够努力。之后，我们加倍地努力，这样，获得领导的认可才会更具说服力。

同样，在企业建设过程中，企业的管理者和员工都需要面对诸多不理解、十分模糊的事物，所以两者之间必然会产生很多不必要的误解和矛盾，但是如果他们懂得换位思考，就会减少很多不必要的麻烦。

这样就会使得领导和员工之间的关系非常融洽，对企业内部凝聚力的提升作用非常明显。

对于企业运营者而言，打开员工心门的钥匙就是换位思考。懂得换位思考的领导，必然会得到员工们的普遍拥护，这样便有利于说服员工听从自己的意见或者指令行事。

但是在生活中，没有人可以轻易地说服他人改变，因为每个人的想法和思考问题的角度和立场都是不一样的，如果不动之以情，说之以理，必然不能成功地说服对方。俗话说："江山易改，本性难移。"只有我们敞开心扉去聆听别人的时候，只有我们放下偏执换位思考的时候，才能开启与他人的真正沟通，才能增进双方的关系，彼此之间才能坦然畅谈，才能从心理上真正地说服对方接受自己的观点。

2. 投其所好：兴趣和爱好是沟通的桥梁

俗话说，"酒逢知己千杯少，话不投机半句多。"在我们企图说服对方的时候，一定要懂得投其所好——只有尊重对方的喜好，才能与对方建立良好的关系，为成功说服对方打下坚实基础。

说话能够解决很多问题，而会说话则是说服他人的根本。在说服他人的过程中，投其所好，往往会取得意想不到的效果。在任何时候，说服他人最便捷的方式就是投其所好，如果你不小心忘记了这一点，那么将会为你说服对方的过程增添很多不必要的困难。

我们都明白，钓鱼用的鱼饵不是钓鱼的人喜欢吃的，而是鱼喜欢吃的。如果别人要买东西，那么在你与对方交流时，就不是你想要什么，而是对方想要什么；不是你推荐什么，而是对方喜欢什么。总之，只有“投其所好”，才能钓到鱼，才能说服对方购买你的东西，才能办好事情，才能完成任务。

在电视剧《宰相刘罗锅》中，在乾隆皇帝大寿之时，满朝文武都为皇帝送礼，有送金银的，有送珠宝的，有送字画的，但刘罗锅却送了他一桶生姜。可是在朝堂之上，乾隆皇帝唯独对刘罗锅的礼品大为赞赏，并赐予刘罗锅一件黄马褂，让刘罗锅一下子风光无限。

事实上，并不是刘罗锅马屁拍得好，而是他知道投其所好的妙用。我们可以想象一下，在乾隆皇帝看来，朝廷养了如此多的官员，并不是为了敛财，而是为了守卫大清朝的江山社稷。众多官员中，唯有刘罗锅的“一统江山”是真正体会到了乾隆皇帝内心所思所想，因此他得到了赏赐。这就是说服高手善于观察、说服的精妙所在。

因此，懂得投其所好，才能让他人心悦诚服地听从你的意见，才是真正的说服之道。

在一家农户的后院里养着一头牛和一匹马。牛非常羡慕马，因为在它看来，马所做的工作才是好工作，才是自己喜欢干的。这一天，牛再次被它的主人拉去耕地。但它却十分不情愿，很是抵触，因此它在干活时一点也不用心，总是走走停停。

主人看到牛不用心干活，十分生气，于是破口大骂，并时不时地用鞭子抽打它。在牛挨打之后，它更不愿意干活了，干脆不走了。在无奈之下，主人只好将牛牵回了家，并喂它上好的饲料。但是，到了第二天，再次下地的时候，牛还是不用心干活。虽然主人不停地对牛说好话，企图利用言语激励牛认真干活，但是任凭他说得口干舌燥，牛仍岿然不动。

在万般无奈之下，主人只好寻到智者，请求帮助。智者在听完事情的经过之后，告诉了牛的主人一个应对牛的办法。

第二天，主人对牛说："我有一件很重要的事情，想交给你来做，就是不知道你愿不愿意去，又能不能做得到。这件事情就连马都没有做到！"

牛一听，顿时两眼放光，非常兴奋地问道："什么事情？"

主人说："我想让你陪着我去非常远的地方购买一些东西。在路上可能会遇到一些妖魔鬼怪，不知道你敢不敢陪我去？我已经问过马了，它十分畏惧妖魔鬼怪，因此它不愿意陪我去！"

牛听了之后非常高兴，兴奋地说道："我当然愿意了，主人，你终于看到我与众不同的能力了，我就是喜欢干马干不了的工作啊！"

主人又说道："那行，但是为了避免吓到你，我要用布将你的眼睛蒙上，这样就可以加快咱们的赶路速度。"于是，牛乐呵呵地让主人蒙上了眼睛，去田里耕地了。

晚上回到后院之后，马看到牛身上有很多泥巴，于是问道："老牛，你这是去哪儿了？怎么弄了一身泥巴？"牛毫不在意地说道："弄点泥巴算什么，今天主人和我去办了一件十分重要的事情，这件事连你都做不到，而我却帮主人顺利完成了。主人还一直不停地夸我，说我是世界上最厉害的动物。我真是高兴，咱们主人真好。"

翌日，牛又十分愉快地跟着主人去耕地了，而在经过其他动物身旁的时候，它还十分自豪地摇摇尾巴。

可见，投其所好在说服他人时是多么重要。若要他人听从你的意见，就要了解别人的兴趣和爱好，这样才能抓住说服之道中的要点，进而成功地说服别人。

如果想让他人认同你的观点，并对你产生浓厚的兴趣，你必须知道对方的兴趣和爱好是什么，并投其所好，这样就会得到他人的喜欢和认同。

但是如果你只是说自己感兴趣或喜欢的事情，那么就容易在彼此的交流中产生障碍，影响双方的交流与沟通。在说服他人的过程当中，以对方感兴趣的事与爱好为话题，总是能使彼此进行愉快的交流和沟通，这样距离成功说服对方就会更近一些。

在与人交谈时，如果可以将对方感兴趣的话题当作谈论的中心，就可以引起对方的谈话热情，保证谈话顺利进行下去。如果对方对你谈论的话题没有丝毫兴趣，对方就会保持沉默，这样就容易出现冷场。

3. 直抒胸臆，永远比婆婆妈妈更容易让人信服

一个人会不会说话，懂不懂得沟通和交流将直接关系到他一生的成败。如果笨嘴笨舌，啰啰嗦嗦，并且词不达意，后果自然可以预料了。在这风云突变的社会中，生活节奏在不断地提速，每个人的时间都变得越来越宝贵，所以人与人之间的沟通需要更简洁、准确和明了。而只有那些老生常谈、繁杂啰嗦的套话消失在说服者的世界里，说服者才能尽可能地提升自己说服的效率。

我国著名的散文家朱自清曾经说过人的生活中离不开言语和动作，除了动作就只剩下语言，所谓的人情世故，有一半都在交谈当中。只要沟通无阻，人情世故就能通晓一半，然后再利用身边的环境、地理等各种优势，说服他人听从自己的意见，岂不是易如反掌。

在生活当中，我们经常会遇到这样的情况：很多反复强调、三令五申的事情，往往越是不被人放在心上。比如，妈妈屡次对自己的孩

子说“你要讲卫生，吃饭要洗手”，但是孩子总会把妈妈的话当作耳旁风，吃饭时依旧不洗手；妻子三番五次地告诉丈夫“你必须要戒酒了”，但丈夫依然“恶习”不改，照样“酒气熏天”；公交车上，售票员不知疲倦地提醒乘客“下车注意安全”，然而乘客却依然漫不经心，下车时还是照常被车门夹到……

这到底是为什么呢？

有个成语叫作“过犹不及”，指的是任何事情适度就好，一旦超过相应的限度，事情就会朝着不利的方向转化。同样，如果我们说服他人的内容超过了对方的心理预期，让对方觉得过了，对方就会产生逆反心理。所以，无论是在公共场合还是在与人交谈的过程中，都要注意语言的简洁和准确，因为这样，才能提高说服的成功率。

在这互联网信息时代，一切都变得高效快速，人们越来越不喜欢废话连篇、总是说不到重点的人。说话简洁明了，不说废话，才会显得人比较精明干练。因此，在说服别人的时候，要尽量将话说得简洁一些，这样才能得到对方的认同。

话说得好与不好，不在于它的长短，而在于是否说到了点子上，是否打动了对方。没有人喜欢将时间浪费在废话上，任何人都喜欢谈话的内容简洁再简洁，因为如今人们的时间观念越来越强。因此，说服高手都懂得利用最凝练的语言表达出最丰富的内容。

无论我们是想“告知”对方还是“说服”对方，为了让对方可以在最短的时间内明白自己话里的意思，领会主旨，必须使用最干练的语言。因为简洁能让人心情舒畅，让对方愿意听。而冗长啰嗦的话只会让人厌烦和不满，这样我们也就很难实现自己“告知”或“说服”的预期。

如果想让自己的语言更加简单明了，就要学会透过现象看事物的本质——只有抓住了本质的、内在的东西，才能让自己简洁的话里面有内容。这样，才能保证说出的话有力度，准确，明了。同时，我们还要掌握大量的词汇，这样才能保证在需要的时候不至于因为词穷而表述得词不达意，使得谈话内容不伦不类。当然，最关键的还是要明白“化繁为简”，可将复杂的语言利用简单的话表达出来。

虽然与人交谈的时候必须要保证自己言语的简练，但是，也不能忽略一切都应该从实际出发，必须要让语言简洁得恰到好处。否则，就会变成为了简洁而简洁，将内容减头删尾，让语言变得十分生硬，这样就很难把自己要讲的内容表述清楚，更不用说抓住要点了。因此，简洁必须以精辟为前提，以恰到好处为目的。在说服他人的过程中，一定要做到从实际情况出发，该简则简，该繁则繁。

因此，在我们对别人进行说服之前，必须弄明白自己的谈话内容到底是什么，哪些是要点，为什么要说这些，并且要抓住说话的重点，只有这样，才可以针对实际情况将自己的语言“化繁就简”，增强谈话内容的说服力，成功地说服对方。

有一次，美国作家马克·吐温去教堂听募捐的演讲。

开始的时候，他觉得牧师讲得非常好，决定在牧师演讲完毕之后，就立马捐款。但是，10 分钟过去了，牧师的演讲依然在继续，他就觉得这位牧师演讲的内容不简练，太啰唆了，他便决定最后只捐一点零钱。又过去了 10 分钟，牧师的演讲还没有结束，马克·吐温就变得非常生气，认为牧师是在浪费大家的时间，于是他决定最后不捐钱。

而到牧师讲完的时候，马克·吐温已经抓狂了，因为演讲超越了他忍耐的极限，因此在他离开的时候，不但没有捐钱，还从募捐箱里拿走了 2 美元。

马克·吐温肯定不是小偷，但是他却“拿”走了 2 美元，这是为什么呢？是他没有公德心吗？他为什么会如此愤怒呢？其实原因很简单，因为马克·吐温认为那位牧师浪费了他的时间——他认为牧师一直在说废话，没有什么实际意义。

马克·吐温是个非常珍惜时间的人，因此他对那些浪费时间的人非常厌恶，而正好这位“演讲天赋”超强的牧师被他归到了这一类人当中。归根结底，就是这位牧师的演讲内容在马克·吐温这里起到了反作用。

募捐演讲本来是比较容易的——本着利用他人的同情心说服对方。这样的说服无疑会简单很多，但是牧师演讲的效果却这么差，是为什么呢？其实就是他讲话太啰嗦，即废话太多，总是讲不到重点上。

实际上，通过扯闲话来说服别人，是一种很好的方法。但是却不能扯得太远——任何事情都应该适度，超过既定限度，必然适得其反。在说服过程中，可以穿插一些无关紧要的话，但要适当适度，如果唠叨个没完，那么谈话的主题就会被遮盖下去。这样就会消磨掉对方的耐心，导致说服失败。

在说服他人时，最实用、最简单有效的办法就是直奔主题，这样虽然目的性很强，但是却也会让对方感受到你的真诚，从而增加说服的成功几率。

但是，要想打赢“说服战”，在谈话的时候是先闲扯再切入主题，还是一上来就直奔主题，要根据实际情况来定。通常闲话可以讲，但要有一个度，因为没有人喜欢浪费自己宝贵的时间来听你的废话。

4. 说服不一定以“说”为主，还要用心听

在生活中，很多人都将更多的精力用在了说和写上面，却鲜有人去注重听。事实上，在说服他人的过程中，用心听要比夸夸其谈更容易让人接受。通过倾听，你可以更深入地了解对方的兴趣和爱好，这样在谈话中就比较容易掌握主动权。而每一位说服大师往往也都是善于倾听的高手。

因此，我们如果想要在人际交往中占据主动，不但要善言，还要善听。因为只有在我们用心倾听的时候，才是距离对方最近的时候，才能了解到对方的想法。

但是很多人都不明白倾听的重要性，不能掌握有效倾听的方式和方法。很多人都对倾听所产生的作用相当地漠视，而正是这种不善倾听阻挡了他们前进的路。

因此，一定不能认为好的说服者必须将“说”当作说服的首要工作。说服别人的过程实际上就是你和说服对象进行交流的过程。你说的时候，对方在听，所以，对方说的时候，你也应该仔细听。因此，想要提升自己的说服能力，也要学会倾听。

在人们的传统观念中，倾听的一方往往是被动的一方，因为在他人看来，只有不善于讲话的人，才会一直倾听。但事实证明，这是错误的，并且是谬误。在说服别人的过程中，如果你不善于倾听，那么最后你肯定会败下阵来。

试想，在你与人交流的过程中，如果对方不善于倾听，在你说话

的时候老打断你，或者总是左耳进右耳出，那么你的心情必然不会是愉悦的，甚至会想终止与对方的谈话。如果对方一直不停地说，你一直在听，但是你也有许多话要说，可是对方却不给你任何机会，那么这个谈话对你来说就会变得毫无意义可言。

在说服他人的过程中，有效倾听有助于你了解对方的想法。你说服对方需要了解对方的信息，而有很多信息都隐藏在对方的言谈之中。如果你能做到有效倾听，并能够将听到的内容及时消化，那么你的说服将会顺利很多。

杜楠在某商场购买了一件外套，但因为出现了掉色的问题，所以她要求退货。商场的售货员与她就这一事情起了争执，闹得局面十分尴尬。商场的经理听闻这件事情之后，急忙赶了过来。这位经理与顾客交流的经验十分丰富，能够很好地把握顾客的心理，所以商场经理没说几句话，就已经让处在爆发边缘的杜楠平静了下来。那么，商场经理到底是如何做到的呢？

商场经理在赶来之后，一直保持着微笑耐心听完了杜楠的不满和抱怨。然后，她让售货员将事情的经过叙述了一遍。在彻底弄清了这次争执的过程之后，经理非常诚恳地对杜楠说："非常抱歉，我也不清楚这种外套会掉色。现在要如何处理，我们完全遵从您的想法。"

杜楠脸色稍缓，说："那你知道应该如何防止外套掉色吗？"

商场经理回应道："你第一次洗掉的应该是浮色。如果下次洗还掉色，我们无条件给您退货。您看可以吗？"

结果，杜楠一周后打来电话说，外套不掉色了，不退货了。

商场经理之所以可以让非常生气的杜楠迅速恢复平静，关键就是她可以耐心地倾听杜楠发泄不满。

在生活当中，有很多人都会犯这样的错误，就是喜欢自我标榜，高谈阔论，从来都是将“我”放在首位。比如，“我想这样”“我认为我做得没错”“我必须要……”“我的意见是……”这样的人都没有倾听的耐心，与人交谈的时候，很少仔细听对方讲话，而只考虑自己要说的。

有些人喜欢在他人说话的时候打岔，插入自己的话题。虽然这并不代表着这样的人不好，但是这却会打断他人的讲话。无疑，这样就会引起别人的不满。

很多人认为倾听就是听清楚别人说的话，事实上却不是这么简单。真正的倾听有很多门道。倾听高手在认真听别人讲话的同时，也会运用自己的经验和知识，让自己的大脑高速运转，在了解到信息后，会对它们进行归类，迅速地做出反应：表现出理解、疑惑、支持、反对，等等。

积极的聆听，有助于我们对语言的整理和深入理解。这样就能深层次地了解对方，掌握对方的喜好和厌恶，而在说服的过程中将之加以利用，便可以增大说服对方的把握，并掌握主动。

所以，我们要学会倾听，做一个善于倾听的高手。这样，在说服博弈中才可以做到无往不胜。

5. 寻求帮助，要懂得“大事化小”

在现实生活中，任何人都不可能完全自己生活，这样人们也就离不开他人的帮助。在寻求他人帮助的时候，当我们提出的要求比较高时，如果感觉对方很可能会拒绝，就先提出比较低的要求，这样或许更容易达成最终目的。

我们常常会遇到这样的现象：你走在街道上，两边大大小小的服装店鳞次栉比，数不胜数，但你却没有买衣服的想法，而在你经过一家服装店门口时，售货员向你发出邀请："如果不忙，就进来看看吧。"这时，你就会想："反正也没事，就进去看看吧。"于是，你接受了对方的邀请，走进了服装店。这时，售货员又非常热情地说道："如果看到喜欢的，就试试，不买也没事。"因此，你就想："不用掏钱，体验一下不同款式的衣服，好像很不错。"于是，你就开始挑衣服，试衣服。当你正在忙碌着试穿的时候，售货员又来了一句："哇，您穿上这件衣服真好看，这么合适，您不来一件吗？"或许你不是很喜欢这件衣服，但是好像也不讨厌，再加上试了这么长时间，售货员服务又好，所以你就不好意思拒绝了。

因此，我们可以看出，循序渐进最容易攻破人们的心理防线。同样，在日常生活中，我们向他人寻求帮助的时候，如果在一开始的时候就将要求说得很高，那么很有可能会被拒绝。如果先说出比较容易完成的要求，在对方欣然接受之后，再适当地增加需求的分量，那么得到帮助的可能就会大一些。所以，我们在寻求帮助的时候，要懂得"大事化小"。

其实，"大事化小"在说服他人的过程中是一种非常重要的手段。因为它可以体现出所有人都认同的处世哲理。通常人们在说"大事化小"的时候，都会加上一句"小事化了"，而将事情逐步淡化，从大到小，从小到无，这样问题自然也就不存在了。

有两个差不多大小的孩子，小雨和小天，他们总是形影不离，一起上学，一起回家，一起玩。他们这个年龄段正是淘气的时候，不免会产生摩擦。

有一次，因为一件事情，他们两人发生了争执，并且相当激烈，最后大打出手。小孩子出手都不知道轻重，小天不小心将小雨的额头打破了。最后，这场争端以小雨满脸是血哭着跑回家而告终。

孩子打架受伤，做父母的当然会心疼。所以，小雨的爸爸非常生气地拉着小雨，找到了小天的家里。看他气势汹汹的架势，好像要将小天打上一顿，才肯罢休。但结果却让人大跌眼镜，小雨的爸爸到了小天家之后，不仅没有发生争执，反而同小天的爸爸聊得十分愉快。这到底是为何呢？

小雨爸爸："你就是小天的爸爸？你是怎么教育孩子的，竟然将我们家小雨打得血流满面。这才几岁，长大了那还了得？我会将这件事情反映到学校，必须要给你家孩子一个处分！"

两个小孩子打架，事情说大也大，说小也小，主要就是看怎么处理。如果闹到学校，那么必然会影响恶劣，并且对孩子以后的发展相当不利。小天的爸爸非常清楚这一点，因此想要说服小雨的爸爸。

小天爸爸："您说得对，这件事是小天做错了。这也怪我和他妈妈太过宠着他了，使得他现在如此不懂事，打伤了您家小雨。真是十分抱歉。您不用担心，小雨的治疗费用我来出，我也一定会教训小天，让他向小雨赔礼道歉。现在的孩子，真是都被宠坏了，动不动就打架。咱们小的时候可从来都没有这样啊，对吧？"

这一番话说下来，小雨爸爸心中的火气立马就消去了一大半，脸色也缓和了很多，说道："可不是咋地，小的时候，咱们都是一心用在学习上，好出人头地，话都不会多说，更别提打架了。孩子小，打打闹闹很正常。做父母的，才真是不容易。"

逐渐地，两位孩子的父亲谈起了他们的童年，而最后这件事也就不了了之了。

小天爸爸处理事情的方法就是将大事化小。其实，这是非常简单的——将事情尽可能地分解成小事，这样就没什么事了。谁没经历过童年的那些事呢？从这方面入手，小雨爸爸就比较容易接受。

任何人都有自己的处事底线，一旦超出对方的底线，结果只能是失败。因此，我们在说服别人时，必须要将事情控制在对方可接受的范围之内，这样才能解决实际问题，成功地说服对方。

“大事化小”对说话技巧的运用必须要到位，谈话时态度必须要诚恳，因为诚恳的态度可以在言语之外“说”出你的诚意。很多时候，态度往往比内容更容易让人接受。如果你可以在任何情况下都保持诚恳的说话态度，那么在说服他人的过程中就会更容易赢得对方的好感，将会产生事半功倍的效果。在态度诚恳的前提下，“大事化小”地去寻求他人的帮助，这样肯定不会有人拒绝你。

在一个狂风暴雨的夜晚，一个饱受饥寒的穷人到了一个大户人家的门口，对守门人说：“您让我进去避会儿雨吧，我将衣服烤干之后就走。”守门人认为这点要求不是什么难事，于是就将他放了进去。然后，他又请求厨师借给他一口锅，让他能煲个石头汤暖和暖和。

厨师非常吃惊：“石头还能做汤？”本着好奇心，他也答应了。穷人出去捡来一块石头，清洗干净之后，放在锅里开始做汤。这时，他又对着厨师请求道：“您再给我一些盐好吗？要不然没法做。”厨师拿给他一些盐，顺便拿来了一些菜叶，甚至厨师还给他找来了一些碎肉。做完汤之后，穷人将石头捞了出来，扔在一边，然后心满意足地喝了一锅肉汤。

故事里的穷人正是使用了“大事化小”的策略，达到了自己的最终目的——喝肉汤。

其实，在我们说服他人的过程中也是一样——他人在不断满足了我们的小要求之后，也就不在乎多答应一个。因为人们都喜欢保持自己前后形象的一致，不愿意让人认为自己是“喜怒无常”的人。在这种情况下，我们的说服计划就很容易实施，并且可以比较容易地说服对方。

在说服他人的众多方法中，最有效的说服方式就是激励说服。人之所以去做某一件事情，是因为这件事情对他有帮助，能够起激励作用。我们在说服他人时，最终要的就是找到激励对方的关键所在，然后利用这一点对其进行激励。通常对人们起到重要作用的激励因素有两个：一个是欲望，另一个是恐惧。

欲望可以激励人们去追求自己想要得到的东西。任何人都想要得到更多的财富，更高的名利，更长的寿命，更强的影响力，更多的重视，以及更多的爱与幸福。人类的欲望是无穷无尽的，除了个人想象力之外，它几乎不受任何限制。

“想象力有多丰富，我们的生活就有多少色彩！”因此，不管我们已经拥有了多少，我们还是希望能得到更多。如果我们可以让他人看到在帮助我们的过程中反而让他们获得了更多的满足，那么我们就可以成功地激励他们帮助我们，按照我们的观点或者目标行事。

Chapter8

激励说服，

说服的关键就是激励

一位研究说服心理学的知名学者曾经这样说："其实，说服就是一门技能，甚至可以说是艺术，它可以让人们按照你的意愿做事，并且甘之如饴。"所以，如果我们想要更简单、更迅速、更顺利地解决我们所遇到的问题，就必须经常进行思考，想一下应该怎样让人们按照你的意愿行事，最终实现你的目标。

除了欲望，恐惧也同样可以对人们的行为产生巨大的激励作用。而对于恐惧来说，不管它以什么样的形式出现，所起到的激励作用往往会比欲望更强大。任何人都不愿意变成穷光蛋，都不愿意失去健康，更不愿意面对别人的诋毁和不赞同，而归根结底就是他们不愿意失去任何想努力得到的东西。因此，他们会恐惧一切变革和不安定，以及一切可能会让他们失去自己想要得到的东西的潜在因素。

所以，只要你可以使人明白通过按照你的意愿行事，便可以保证他们避免损失，你就可以影响他们去做你已经设定好的事情。如果你说出的目标最后可以为他们带来利益，并且避免了他们的损失，那么他们就会对你更加信服。

1. 以对方为中心，让他感觉到自己很重要

不管是在日常生活中，或是在工作中，说服力都可以帮助我们解决很多事情。它可以使我们在最短的时间内实现我们的目标和计划，可以决定一件事情的成败。在工作上，超强的说服力可以让我们的工作变得更加轻松，可以让我们有更多的时间去做其他的事情，可以让我们得到同事和朋友们的尊重和支持。而通过说服，能让别人根据你的意愿行事，你就能成为朋友圈中举足轻重的人物。

说服所产生的力量是巨大的，而让我们感到庆幸的是，说服并不是天生带来的，它作为一种技能，可以通过后天的学习和锻炼来获取或者提升。这就如同写字一样，通过认真学习和不断练习，你就可以学会，并且熟练运用。然后你就可以通过这种能力来影响你身边的人，让他们自愿去支持你和帮助你，这样你就能更容易地解决掉你所忧虑的事情或者问题。

在你说服别人时，无论过程如何，最终只会产生两种结果：一是你成功地说服别人，让其按照你的观点或者意愿行事；二是你被别人说服，按照对方的观点或者意愿去办事，两者必然需要选择其中的一个。其实，有很多人还认识不到在人际关系的交往中，都隐藏着一个复杂繁琐的说服，然后被影响的过程。正是由于没有认识到这一方面，所以很多人经常都是在帮助别人做事，而不是别人在帮助自己做事。

在人与人的交流过程中，每个人都希望自己的观点能得到对方的重视与认可，这种渴望就激励着他去做到更好，因为只有让自己的观

点内容更丰富、更具感染力，才有可能让他人认可和接受。

任何人都希望体现出自己的重要性，都希望能得到他人的尊重（这是人们的心理需求在发挥作用）。如果我们可以为他人提供他们需要的帮助，那么对方就会认为我们是有可利用价值的，回应我们的态度就会更加积极，这样也会让我们感觉到自己存在的必要性和重要性。

很多时候，人与人之间的交往都是将心比心的，你如何对待别人，别人就会如何对待你，只有你尊重别人了，别人才会尊重你。

在人们来到世界上之后，便有了被关注、被关怀的渴望，如果你满足了他的这种心理需求，就会成功地激励他产生更大的热情，从而使他接受你的意见和观点，依照你的意愿行事。

曾经有一家通讯公司做过这样一项调查，在人与人的交流中哪一个词使用的次数最多。调查结果显示，在 300 对交流者中，“我”这个词使用率最高，使用的次数最多，达到了惊人的 5680 次。这样的数据说明，无论任何人，或者是处在任何情况下，人在自己的内心中都是以自我为主的，都认为自己才是最重要的。

还有从事哲学研究的学者认为，“让别人关注自己”是人们内心深处永远不会磨灭的渴望。如果你想要在说服他人的过程中，保持融洽的谈话气氛，与对方尽兴畅谈，那你必须给予对方足够的关注，必须重视对方，这样他才会感觉到自己在谈话中的重要性，才会积极地与你谈话，让你有机会了解到对方更多的信息，从而使你更加顺利地说服对方。

在心理学家看来，不管是什么样的人，做什么样的职业，年龄多大，只要有自己的独立意识，就会拥有一个共同的讯号——“请让我感觉自己是重要的！”说服高手，往往在说服他人时，会在第一时间回应这个讯号，让对方感觉到自己很重要，从而让说服过程变得更加顺利，最后成功地说服对方接受自己的观点，按照自己的观点行事。

在说服他人时，我们应该激励对方去谈论他自己，这样就会让对方感觉，你对他很有兴趣，很重视他。在你向他传递出这样的信息后，他就会对你产生浓烈的亲切感，对你产生信任，从而使你的说服过程变得更加顺利。

当别人在因为你的关注而得到鼓舞的时候，不只是代表着他会积极地投入到谈话当中，同时也表明对方接受了你所表达出来的善意情感。

如今社会中的各种竞争日益加剧，太多的人想要成功，但想要获得成功就必须付出相应的努力，因此就需要做太多的事情，大多都是整天东奔西跑，疲于奔波。在时间长了之后，人们的性情就会产生很大的转变，变得越来越急躁，对除了自己感兴趣之外的任何事情，都表现得漠不关心，往往会在对方谈到自己，并且还没有将话带入正题的时候，突兀地打断对方，否定对方所说的内容。因为他们急于表现自己，想将自己的观点说给别人听，让对方关注自己，重视自己。

这样的人一般都是想要让对方以“简短、直接、快速”的方式叙述对方的观点，而他们自己却以口若悬河、滔滔不绝的方式炫耀自己的口才，进行长篇大论的讲述，想要在对方的心目中植入一种“他很强”的感觉。

心理学家认为，每个人都有或多或少的自我吹嘘意识，都比较喜欢讲述自己辉煌的时刻。所以，我们在说服他人时，要激励对方谈论自己，并耐心地听他们讲述，这样会让对方投入更多的激情来进行谈话，更可以得到对方的理解和信任，并可以让对方吐露出内心最真实的想法。

关注对方，让对方感受到你的重视，这样就能让对方感受到自己存在的价值，从而让你的说服过程变得更加轻松。

任何人都有倾诉自己心中所感所想的渴望，当我们在说服他人时，不妨当一名倾听者，这样能在情感上给对方莫大的激励。能静下心来认真地听对方说，才能更详细深入地了解对方的真实意图和对方说话时的心情以及对方所表达的信息，这样可以让对方更愿意将谈话进行下去。

因此，最好的说服方法并不是你“舌灿莲花”“口若悬河”，不停地与对方谈话，长篇大论地讲大道理，而是激励对方多讲多说，自己则耐心地倾听。只要我们满足了对方被重视、被尊重的渴望，往往就能得到他内心的认可，而我们对他的说服也会因此事半功倍。

2. 表现出对他人的赞赏，可以让谈话更顺利

在说服他人的过程中，在适当的时候，表达出对对方的赞赏，可以让谈话过程顺利很多。其实赞赏对方，就是对他的成就和优点表示认可。当对方的行为或者观点受到你的称赞时，他的内心就会非常兴奋，进而将你看作可以理解他、懂他的人，因为你的赞赏对对方起到了很大的激励作用，让对方感受到了他的价值，让他产生一种原来他的观点也不是一无是处的感觉。这就是满足了对方渴望实现的某种需求，因此对方会非常感激你，之后他会将这份感激之情转化为信任，开始对你无所不谈。

但是，有时候很多人会觉得，如果他们对自己身边的人，比如亲朋好友、同事等表示出赞赏之后，对方就会完全松懈下来，在已经得到的赞赏面前打转，停步，而他们觉得人们应该以积极昂扬的态度对

待自己的人生，必须做到“活到老，学到老”，不停地找出自己的缺陷，然后完善它。

在现实生活中，人们往往不习惯赞美对方。比如，老公打算拖地，老婆便会说“你还知道打扫房间啊”；孩子在考试中一门考了 90 分，而其余的全是满分，这时，家长就会问“为什么这门只考了 90 分”。

很多心理学家通过研究得出结论：“消极”回应所起到的效果往往会很差，甚至会起到反面作用。结果很大一部分人都不再为了得到别人的称赞而努力，反而变得自暴自弃，感觉自己能力严重不足，无论怎么做都做不好，很可能就会选择放弃。只有很少一部分人或许可以在这样的“消极”激励下，顶住压力取得很高的成就，但最后可以在成功中得到成就感和享受感的人几乎没有。

我们只有懂得表达对别人的赞扬，才能得到别人的友好和信任，从而让对方接受我们的观点和想法。而普遍被人们广泛使用的赞扬方法就是直接表达出你对对方的赞赏。利用这种非常直接的方式告诉对方你对他们所表现出的言谈举止、行为习惯表示赞同和认可。

世界著名的文学家爱默生曾经这样表述：“我们平时在生活中所遇到的人，都可以算作是我们的老师，因为我们或多或少都可以从对方的身上学到一些我们不知道的东西。我们应该时时刻刻为我们所热爱的生活留下各种各样的赞美，让我们的生活变得更加温馨，而这小小的一点赞美却可以点亮友谊的火炬，让友情不停地传递下去。”

很多心理学家都做过类似这样的实验：他们从一个班级众多学生当中，挑出一个气质和学习成绩等各方面都平淡无奇，而且十分自卑、没有人喜欢的女学生，专门让一些同学换一种对待她的方式，对她表示赞赏和关心。于是，开始有同学不断地对她表示关心，对她嘘寒问暖，并找出她的诸多优点说给她听；还有同学主动向她献殷勤，给她买好吃的，并在放学后送她回家；在她生日的时候有很多同学为她庆祝，送她礼物。同学们都去赞扬她的优点，并一致认为她既漂亮又聪明。结果，一年过后，这位原本各方面都极其平庸的女同学变得极为出色——她变得非常活泼自信，乐于助人，而学习成绩也名列前茅，仪表也变得更加漂亮了。

激励的作用真的很强大。通过它我们可以让他人更加信任自己，接受你的观点和看法。但在日常生活和工作中，我们往往会忘记这种可以让人对你产生亲切感，有利于满足你需求的方法——赞赏他人。

俗话说："甜言蜜语三冬暖，恶语伤人六月寒。"我们在说服他人帮助我们做某件事情的时候，往往会忽略对别人的赞美，在别人做得不好的时候，总是施以抱怨和责备。事实上，没有人喜欢被责备，人们都喜欢被称赞。在人们满足了温饱之后，最迫切的需求就是希望可以得到更多的尊重和认可。

从心理接受度来说，任何人都不喜欢受到他人指责。因指责而引起的愤懑，往往会让人们的情绪变得极为低落，并且对接下来的错误改正起不到多大的作用。而只要每个人都可以真诚地去赞美别人，那么在我们的生活当中，就会充满尊重感和重视感。这样我们说服他人时，就会变得简单很多。

在我们的工作中也是如此，我们要真诚地赞美他人，不要因为一些小事就和同事斤斤计较，你赞美他，他才会赞美你，这样你的工作才能顺利地进行下去。在赞美他人的时候，不要因为对方的优点很少就不愿意说下去，哪怕对方的优点少得可怜，几乎找不到，那也要赞美他所拥有的那一点一滴的优点。

人们在被称赞的时候，心中就会自动出现一种"自我塑造"，会不由自主地将自己塑造成拥有某些优点的人。并且，这种自我塑造还有很强的激励作用，会让自己坚持向好的方向不断进步，最后真正地产生别人所说的那种优点。

在说服别人的过程中，我们要努力去夸奖对方，虽然这是一件微不足道的小事，但是却可以增进你与对方的交流，加深你们之间的关系，让对方更加信任你。因此，在说服别人时，一定要记得赞美对方。

生活处处充满着美好，因此，我们一定要经常去赞美自己周围的人。因为这代表着你对他人的肯定，同时也是对自己的肯定。建立起良好的关系，便有利于你说服工作的开展，增加你说服他人成功的可能性。

3. 将你的观点“包装”一下，变成对方的观点

在人与人的交流中，人们往往觉得自己的观点比别人的更正确。因此，就想着去说服他人，接受自己的观点，按照自己的意愿行事。孰不知，对方也是这样想的。所以，最终往往是谁也说服不了谁，各自我行我素。可是，我们为什么要将自己的观点硬生生地灌输给别人呢？我们完全可以让自己的观点变成别人的观点，这样不就事半功倍了吗？

但是，具体需要怎样去做呢？其实，也是非常简单的——在你说服别人时，仅仅只说出自己的想法，但是不要说出自己的结论，引导对方，让他去做出结论，这样就会在对方心中产生一种感觉——这是他自己的观点，那么他必然就不会再反对。

没有人会强迫自己去做自己不喜欢的事情，或是按照别人的指令去做事情。人们都喜欢随着自己的喜好，自己的意愿去做事情，并且热切地渴望有人可以和自己畅谈理想、需求、观点和成就，等等。

在工作中，员工向领导提出自己好的意见和观点，这是他们的义务和职责。但是，在很多时候，员工所提出的建议和计划总是得不到领导的重视，就更不用说被采纳了。这样会让员工很苦恼，很泄气。特别是这个计划还是经过自己深思熟虑，认真研究之后做出的，并且自己认为是相当优秀和创意度颇高的，如果在这样的情况下，依然遭到了领导的拒绝，那么员工心中的那份气馁会更深。

其实，很多时候，领导之所以会拒绝员工的观点和计划，并不是因为对方的计划不好，而是因为两者之间身份地位的差异，在心态上有着一些微妙的情况。因此，如果你想要让自己提出的观点或建议被领导所接受，就必须使用一些手段。

威尔逊在没有当上美国总统的时候，曾经是一所大学的校长，被学生们称为“学问之父”。但是，任何事物都会有正反两方面，博学多才其实也是一把双刃剑，才华出众的威尔逊总是表现得十分自负，往往对于别人所提出的建议，不管正确与否，全部不予采纳，并表现得非常不屑一顾。所以，在很多为他效力的工作人员当中，流传着他这样的一个绰号——“史前之门”。意思就是他是用史前巨木做成的门，任何有新意的观点或者建议都会被他否决，拒之门外。但是，其中有一个人完全是个例外，不受这一条件的约束，往往能成功地将自己的观点或意见送进这扇“史前之门”，而他就是威尔逊的助理豪斯。

那么，豪斯到底是怎样做到的呢？他到底是使用什么样的方法来说服威尔逊的呢？

据知情人士透露，有一次，在威尔逊开完会之后，豪斯单独找上了他，并抓住这次机会，竭尽所能，条理清晰、论述严谨地说出了自己经过很长时间才规划出来的一个管理改革方案。豪斯自认为自己的方案很完美，一定会被威尔逊采纳，所以说得激情洋溢，理直气壮。但是，结果大大出乎了豪斯的预料——他竟然也得到了和其他同事一样的待遇——拒绝，并且是直接拒绝，不留一点转换余地。威尔逊当时是这样回答他的："你的方案我完全听不明白，或者根本就是废话，什么时候我愿意听废话了，我会请你再讲上一遍的。"

可没过几天，在一次酒宴上，发生了一件令豪斯非常吃惊的事情——威尔逊将他前几天讲述给对方的方案当着大家的面当作他自己的观点讲了出来。

通过这件事情，豪斯终于明白了当初威尔逊为什么会拒绝自己的方案。从此他掌握了向威尔逊进言献策最有效的方法：在没有其他人在场的情况下，将自己的观点或建议不着痕迹地"植入"总统的脑海里，让他当成自己的观点。

起初，为了做到这一点，豪斯总是想尽办法让总统在潜移默化中对他提出的方案或建议产生浓厚的兴趣，然后将这一方案或建议植入总统的心中，让其作为总统自己的"伟大构想"公之于众，这样往往会让威尔逊认为这个堪称完美的计划是他自己想出来的。

其实，豪斯之所以不说这个建议是自己想出来的，就是为了更好地说服总统，让对方采纳自己的建议。为了达到这个目的，他甘愿让出自己的"专利"，并且是悄无声息、不着痕迹地将它们转让给总统。这样，使得他所提出的方案被总统采纳的成功率变得非常高，几乎达到了百分百。

卡耐基曾经这样写道："如果在你说服他人时，仅仅只是提出意见，但最后的结果让对方通过思考而得出，让对方在潜意识中认为这个观点就是他们自己想出来的，这样往往能更容易说服他人。"

在日常与人交流时，如果你将某件成功的事情说是自己完成的，那么必然会有人公开或者隐秘地对这件事情进行攻击以及不断地寻错，因为通过这种方式可以让对方感觉到他的存在和价值。

所以，一个说服高手在说服别人时，往往会竭尽所能地将自己的观点“伪装”成对方的观点，而且总会在自己的观点还没有说出之前，询问对方如果遇到某种问题该如何解决，然后在对方所说出的方法或意见中寻找和自己心中观点相吻合的点，再尽自己最大的努力将这个观点说成是对方所思所想，让解决问题最好的方法由对方的口中说出。这时，对方必然不会反驳，因为他的存在感和尊重感得到了极大的满足，并认为如果他反驳这个观点或建议的话，就是在反驳他自己。

因此，在我们说服别人的时候，要尽量把自己的观点变成对方的观点，之后由自己进行引导，致使对方将其中所隐含的结论亲口说出，这样便可以成功地说服对方，并且不会遭到反驳。

4. 不论对错，都要尊重对方所说所讲

在我们与人交流或者说服他人的过程中，如果发现对方所说的观点是错的或者和自己的相去甚远，我们可以不同意不采纳对方的观点，但是绝对不能不尊重对方所提出的建议。

人与人的交流中，没有哪一方的意见是和对方意见完全相同的，也没有哪一方的观点是绝对正确无误的。但是无论如何，我们都要尊重对方的想法，因为只有这样，才能得到对方的尊重。

德国的著名诗人席勒曾经说过：“我们都非常渴望得到别人的赞

赏，但是，我们却极不愿意受到他人的斥责。”

任何人都希望能够得到他人的重视与尊重，人们都渴望自己的想法或建议能被他人接受和认可。因此，有时候我们在与人交流的时候，就算对方的观点是错误的，或者没有得到我们的认可，我们也不用过分地坚持自己认为正确的观点，要给予对方足够的尊重和重视。

只有我们重视对方的意见，尊重对方的想法，或者通过间接和隐晦的方式表达出自己的观点，这样才能更容易地得到对方的信任，让说服变得更加顺利，而你所提出的观点也更容易让人接受。

比如，如果我们想要纠正对方观点中出现的错误，就应该先表示对他人观点足够的尊重，而不应该直接拆对方的台，直接否决对方的观点，这样会很伤对方的自尊心。我们可以采用以退为进的办法，使用不着痕迹的办法告诉他。而一定不能说：“你的观点不对。”这样说潜在的意思就是：“你不行，还是看我的吧，我会将你的错误纠正过来的。”

将指责对方的话委婉地表达出来，这样更容易让对方接受。而说服高手往往会将自己的真实想法藏起来，不轻易显露，就算不同意对方的意见，也会保证给予对方足够的重视与尊重。因为他们非常清楚，只有尊重对方，对方才会尊重自己。

大学刚毕业的肖华在一家销售公司负责文案策划工作。一天，他把经过自己认真研究并且反复修改过的文案策划交给了公司的经理。经理接过文案随意看了两眼，语气懒散地说道：“你的这个文案没有什么新意，讲述也太过直白，所用语言应更文雅一些，这样才会有内涵。你拿回去按照我说的重新修改吧。”

肖华看出了经理其实并没有仔细地看他所策划的文案，没有看明白自己的用意所在，但是他又不能直接说，因此，他略微思索了一下，然后以非常尊重的口吻说道："经理，您的工作经验比我丰富很多，我想您做的文案一定是非常好的。但是我有一个地方不是很明白，想请教您一下，如果一款产品刚刚上市，那为它打广告的本意是什么呢？"

经理不假思索地说道："当然是让顾客更全面地了解我们的产品！"

肖华又问："但是，要用什么样的方式才能使得顾客直接通过广告就可以全面了解我们的产品呢？"

这时，经理陷入了沉思。

肖华知道时机到了，就说："经理，您也知道，我们这款产品刚刚研发生产出来，并未在市面上出现过类似的产品，因此消费者对于我们的这款产品必然是一无所知的，如果我们运用文雅含蓄的方式讲解我们的产品，或许能让他们感觉到很有内涵，但却不能让他们全面地了解这款产品。所以，就这款产品而言，我觉得我们应该采用最直接的手法来表现，因为这种方式可以让消费者在最短的时间内全面地了解我们的产品，让他们对我们的产品的印象更深。还有就是我们完全不用担心以这样的手法展现出的广告不能对大众产生足够的吸引力，因为这款产品就是一个亮点。"

看到经理听得入神，肖华又补充道："当然，我所提出的想法还相当不成熟，哪里说得不好，还请经理多多指点。如果您还是觉得用含蓄的方式表述比较好，我就拿回去按照您的意思修改。"

经理看到肖华这样尊重自己，并且他的策划的确有独到之处，所以听完之后很高兴，并将肖华大大夸奖了一番。此后，经理对这个刚刚工作不久的小伙子非常重视，并对他进行了重点培养。不久之后，经理就将肖华提升为他们部门的项目主管。

很多人在工作和生活中都有过这样的体会，如果我们提出自己的观点之后，全部被否定了，就会感觉对方严重地伤害了我们的自尊心。这时，我们就会采取极端的方式进行反抗。但是这样的想法会对双方的交流产生极大的影响，甚至会直接导致交流结束。所以，无论遇到什么样的情况，我们都要保证尊重对方的观点和意见，即使对方所说的是错的，也要如此。

而反过来，如果我们提出自己的观点和想法后，得到了对方的重视与尊重，我们就会非常高兴，从而致使我们获得极大的满足感。这种满足感的产生，将会对谈话非常有利，会促使双方在目的上达成一致。

因此，我们在否定对方的时候，一定要先肯定对方，将我们对他的了解表达出来，这样就会使谈话气氛非常融洽，从而拉近双方的距离。然后再说出自己反驳对方的理由，对方就比较容易接受。这样，我们的说服就可以顺利地进行下去，最终赢得这场“说服战”。

Chapter9

调动思维，把握住对方的需求

在说服他人时，一定要把握住对方的心理，从对方的话里，找出他的需求是什么——抓住对方的需求，才更容易说服对方。

虽然说服别人主要靠的是语言技巧，但是如果仅仅靠语言技巧，往往会让对方感觉你油嘴滑舌，说话不实在，最后直接导致说服失败。因此，我们在说服过程中，一定要注意对方的言辞和表情，只有这样，才能更好地理解对方话中隐含的信息，全面了解对方，抓住对方的需求，展开最简单有效的说服。

其实，说话就是一门艺术，说好了，你会得到很多；说不好，损人不利己。在与人交谈时，要考虑得尽可能的周全，但是最重要的是要尊重对方的感受，了解对方的真实需求。

每个人的感情都是复杂多变的，有时候会因为一句话或者一件小事而苦恼很长时间。这其实是人的被尊重和被重视需求在作祟，人们都渴望能够得到他人的认可，这样他就会觉得自己的存在是有价值的，就会心情愉悦，而与人交流时，就会使得谈话过程顺畅很多。

因此，在说服他人时，首先要做到的就是了解对方各方面的需求，想尽办法去满足对方的需求，即使有些实在是满足不了，那也不能损害对方对这些需求的渴望。

说话时重视对方的需求，就必须学会察言观色，这样才能更仔细更深入地了解到对方想要的是什么，然后对症下药，成功地说服对方。

1. 动之以情，才能更容易说服对方

俗话说："动之以情，晓之以理。"在说服他人时，最有效的方法无疑是情感说服。古人说："精诚所至，金石为开。"情感连金石都可以感化，更何况人呢。因此，我们在说服他人的过程中，一定要善于利用情感进行说服，这样就可以让对方不由自主地认可我们的观点。

很多时候，我们在说服他人时，可以将自己的情感推动到极致，再宣泄出来，让对方能够十分清楚地了解到你的爱憎，这样对方的心中会产生巨大的情感反差，而其心灵会因此被震撼，同时他也能感受到你的真情实感，从而对你产生亲近感，降低你说服他的难度。因此，如果想要增强自己的说服能力，就要善于在说服他人时运用情感，在情感上引起别人的共鸣，从而打动对方，将对方说服。

人们常说，"人非草木，孰能无情。"在日常生活和工作当中，我们会接触到各种各样的人和事，而对于这些，我们的态度必然不会是一成不变的，往往会表现出高兴、难过、喜欢、厌恶、气愤或失望，等等。这些不一样的情绪，必然会对我们的行为产生很大的影响。

通过大量的实例证明，很多人在对某一事情或人进行辨别和判断的时候，通常都会受到情绪的左右，因此，如果在说服别人的时候，能够在理性思考下，融入一些情绪来影响对方，往往会使得说服过程变得更加顺利，让对方的观念产生巨大改变，从而认同自己的观点和意见。

美国曾经出现过很多位受人尊敬的总统，但最伟大、最正直的却是鞋匠的儿子林肯。而由于他是鞋匠的儿子，出身贫贱，所以在他被选举为总统的时候，参加选举的很多议员都感觉非常羞愤。

那个时候，美国参议院中的绝大多数人基本都是出身名门，属于上流社会的人，所以从来都没有想到有一天他们会被一个鞋匠的儿子骑在头上。

因此，他们就计划在林肯来参议院进行演讲的时候，当着所有人的面狠狠地羞辱他，让他知道就算他当了总统，依然还是个下等人。

在林肯一切准备就绪，准备演讲时，台下便立马有人站了起来，倨傲地说道：“总统先生，请允许我打断你一下，我认为，就算你现在已经是高高在上的总统，但也永远改变不了你是一个卑微鞋匠儿子的事实。”

一时间，参会的所有人员全部都大笑起来，而虽然他们在总统大选时没能竞争过林肯，但是能看到他出丑，自然是一件值得高兴的事情。

林肯在众人笑够了之后，平静地说道：“你所说的一番话，让我想起了我的父亲，非常感谢你。我父亲已经不在了，但是我永远是他的儿子，一位默默付出的鞋匠的儿子。我会牢牢地记住你说的话，但是，我做总统，却无论如何也做不到我父亲身为一名鞋匠那样兢兢业业，无私奉献。”

台下所有人因为这些话一下子全都陷入到沉默当中，林肯转身对着那位倨傲的人员说道：“根据我的了解，你父亲曾经在我父亲那里定制过鞋子，如果你的父亲感觉不合脚了，我可以无偿帮助他修理鞋子。虽然我并不能做到像我父亲那样伟大，但是由于从小的耳濡目染，所以我做鞋子的手艺也不算差。”

然后他又对场下的所有人说：“这一承诺对在场的所有人都有效，

如果你们家人的鞋子也是我父亲做的，正好它们需要重新改善，那我一定会竭尽自己所能来改善它们。但我却无法做到我父亲那样好，因为他做鞋的手艺是无人可以超越的。”

林肯怀念着他父亲所做的一切，声泪俱下，这时，台下响起了雷鸣般的掌声和赞叹声。

林肯不能做到像他父亲一样成为一名无私奉献的鞋匠，但是他却成为了一名受人爱戴的总统。很多人认为，之所以他会得到很多人的爱戴，就是因为他一直都未曾忘记自己是一名鞋匠的儿子，而且他还因此感到非常自豪。

那么，林肯所说的这番话为什么得到了如此多的掌声呢？

在当时的情况下，虽然那位议员说话和态度不好，但是他所讲的却都是事实，如果林肯喋喋不休地与对方争论，恐怕就会引起对方的围攻，从而陷入更大的被动当中。但是林肯却并没有生气，没有与对方进行争论，而是从情感方面入手，将自己父亲的伟大和自己对父亲的崇拜以及父亲的默默奉献讲述出来，并表明他正是受到父亲的影响才有了今天的成就，但是却并不一定会像自己的父亲一样，在自己的领域当中做到出类拔萃。而他的这番话最终成功地感动了众多议员，赢得了大家的认可和掌声。

我们的心理活动离不开情感的支撑，在我们的生活中，情感无处不在。我们所做的每一个决定或者所表现出的每一个行为都是在某种情感下进行的，所有的一切都会受到它的影响。比如，我们往往不愿意承认自己笨，或者处理事情时不公正，这其实也是我们的情绪和情感在作祟。

随着网络技术日新月异，各种产品的广告越来越多，可谓是五花八门。但是，我们很多时候看到的广告纯属“自卖自夸”式的，完全没有如广告中所说的那些效用，让我们抵触颇大。但是如果在广告中融入一些情感，而不是单一的产品介绍，就会让产品的形象在人们的心中留下一个美好的印象，降低人们的抵触，从而引发人们的消费，而企业便可以在满足消费者情感的同时，实现自己的销售目的。

因此，我们在说服他人时，一定要懂得调节对方的情感，并且保证自己的情感不失控，不能被对方的情绪牵着鼻子走。我们应该利用情绪来影响对方，让对方更容易接受我们的观点。比如，在对方生气的时候，我们应该心平气和地倾听对方倾诉，并加以引导，让谈话变得轻快一些；而在对方惴惴不安的时候，应该适当安慰，平复对方紧张的情绪，只有这样，才能更容易说服他人，让对方认可自己的观点。

2. 有利可图，对方才会认真考虑

在日常生活和工作中，想要更好地处理人与人之间的关系，让别人认同自己的观点，那就必须用利益牵绊住对方，让对方感觉有利可图，这样他就会认真考虑你所提出的意见或观点，增加你成功说服对方的可能性。

在说服他人时，对他“晓之以利”，这样会让对方感觉你是和他站在同一立场上的，让对方感觉你是理解他的，从而拉近你们的关系，而在对方的被重视和利益需求都得以满足时，对方便会认同你的观点和意见。

“天下熙熙，皆为利来；天下攘攘，皆为利往。”追逐利益，是人们的天性。很多时候，在说服他人的过程中，双方往往都会唇枪舌剑、针锋相对，这就是人们逐利心理的具体体现。

很多人在说服别人时，往往都会将人们和这种“逐利”的本性暴露出来，而说服高手却可以很好地将自身的这种本性隐藏起来，并加以利用。一个“表现”，一个“利用”，看起来是一词之差，但实际意义却犹如云泥之别。在说服别人时，如果你只懂得体现自己的“逐利”本性，那么就会给对方一种你只为自己的利益着想的感觉；如果你善于利用“逐利”本性，你就可以以利益引诱对方，委婉地达成自己的目的，这样也会让对方觉得你是在为他着想。尽管两者都是为了同样的目的去进行说服，但是方法不同，说服的过程不同，而最后得到的结果也会很不一样。

其实，在我们说服别人的时候，可以将对方能得到的利益挑明，让对方清楚他会获得什么样的好处，这样才有可能成功地说服对方。

在日常生活中，很多人都觉得追逐金钱和利益的都属于低级趣味的人，孰不知，这正是人们再正常不过的生活需求和心理需求。如果在说服他人时，我们和对方起了冲突，就应该找到双方的利益共同点，然后利用这一点调解双方的矛盾，并借此说服对方，促成双方利益的实现。

经济基础决定上层建筑，这个观点适用于所有人。利益虽然不能决定所有的事情，但是却可以影响一切。古人所讲的“饱暖思淫欲”，就是这个道理最好的诠释。这不是一个好词，所以很多人都不喜欢，认为自己不是这样的人，但是我们确实都在做着这样的事。比如，我们在学校考试的时候，谁也不想考得很差，最后挂科，因此，通过考试，最后顺利拿到毕业证书，这就是你想要的“利益”；工作后，人们想要高福利、高待遇；企业则是以公司的利益为奋斗目标；国家则是为人民谋利益。所以说，利益，是人们进行一切活动的根本目的。

“世界上不存在永远的朋友，只有永远的利益”，这是二战期间，英国首相丘吉尔留下的至理名言。无论是什么样的场合、什么样的身份，又或是什么样的关系，人们都有可能因为利益关系，最后反目成仇或者把酒言欢。

在我们说服对方时，如果双方所追求的利益是一致的，那么说服过程就会很顺利，最终可以得到令双方皆大欢喜的结果。这就好比是乘船在大海中航行，在遇到海浪袭击的时候，船上的人都会齐心协力，同舟共济地避免祸患的侵袭，而求生就是他们的共同利益。但是如果双方的利益不一致，那么他们就会坚守自己的利益，互不让步，最后很有可能出现两败俱伤的结果。但是，无论双方再怎样针锋相对，也都可以找到互惠互利的方面，即彼此间都存在着利益共同点。而只要找到了双方的共同利益，那么接下来的说服过程就会变得非常简单和顺利。

秦末，统治者残暴无道，世人揭竿而起，纷纷起兵反抗。在众多反秦队伍中，刘邦和项羽所率领的两支队伍脱颖而出，双方约定，哪一方率先攻进咸阳，哪一方便可以称王。

刘邦率军进发到南阳城时，遇到了南阳军民的殊死抵抗，汉军久攻不下，最后刘邦只能采用围城的办法，耗尽城中粮草，让对方不战而降。这使得南阳城的军民人心惶惶，无心再战，而南阳太守认为破城只是早晚的事情，因此便想着自杀，但是被他的谋士陈恢劝止了。陈恢说有办法让刘邦保全南阳城的军民，因此，他被南阳太守派去说服刘邦。

陈恢进入汉营之后，就开门见山地说道：“敝人曾听闻您已经和项羽约定，率先攻破咸阳城的，便可称王。但是现在您的军队却都集结在了这里，虽然南阳城不是很大，但是人口却不少，积累的粮草也非常丰富，并且城中的军民都认为投降后，您便会屠城，所以全部都是殊死抵抗。这样就会使您的军队伤亡惨重，耽误您的进军时间，对您的称王大计是相当不利的。可是，如果您带兵离开，那么南阳城的军民便会重整旗鼓，对您进行死命追击，这样就会导致您前有咸阳守军，后有追兵，一旦被夹击，必然会大败亏输，因此我真为您担心啊。

“为了您的称王大计着想，我觉得您应该派人劝降南阳太守，给予他丰厚的赏赐，并让他继续管理南阳城，那么他就会支持您，并派出守军随您一同攻打咸阳。这样，其他地方听到这一消息后，便会人心涣散，毫无战心，开城迎接您，主动归顺您。这样您的前路将会畅行无阻，您的行军速度自然会加快很多，而您便可以率先攻进咸阳。”

听罢陈恢的话，刘邦略微思索之后，觉得有道理，便照他说的做了，而他最后也成功地攻进了咸阳。

陈恢劝说刘邦的根本目的是保全南阳的军民，但是他的目的与刘邦咸阳称王的目标并不冲突，反而有着助长之势。一方求保全，一方求速度，南阳保全了，军民就不会殊死抵抗，刘邦就可以顺利地通过南阳城，从而争取到咸阳称王的机会。这就是他们双方的利益共同点，而陈恢正是抓住了这一点，让南阳军民避免了惨遭屠戮的命运，同时又为刘邦除去了后顾之忧，让他可以全力进军咸阳的。而也因此，他成功地说服了刘邦。

陈恢言辞恳切，直击对方要害，在表面上是处处为对方着想，但根本目的还是为了南阳的军民。而由于双方有着共同的利益，所以他顺利地打赢了这场“说服战”。

利益能够对人们产生难以抵抗的诱惑，让人们不由自主地想要为了得到某种利益而去做某事。只要事情有利可图，任何人都会想办法去做。因此，我们在说服他人时，可以用利益引诱对方，以促使说服取得成功。

3. 满足对方的优越感，说服过程会更顺利

俗话说："人往高处走，水往低处流。"人们往往只看到了这一点，却不知道"高处不胜寒，低处纳百川"。

在生活和工作中，我们需要保持积极的心态，因此要有"人往高处走"的心态，但是我们也要有容人之量，有"水往低处流"的博大胸襟。有时候，稍微低下头，去满足别人的优越感，才会将你的人格魅力渲染得更高尚，而你的品质也才能得到提升。

我们遇到事情的时候，要懂得收敛，不能自高自大，目空一切。要知道，只有摆正自己的位置，才能更好地保护自己。而满足他人的优越感就能够很好地掩饰自己，让他人接受自己。

虚荣之心，任何人都有，没有人不喜欢别人称赞自己，更没有人愿意低人一头。在我们与人交谈时，要适当地满足一下对方的优越感，这样就会使谈话氛围变得更轻快，而交谈的双方也都会感觉非常愉悦，从而增进双方的感情，拉近双方心理上的距离。

高处不胜寒，曲高必然会和寡，但是，在现实生活当中，人们往往都喜欢自命清高，觉得自己是高人，是与众不同的。一句赞美，一番惺惺相惜，就可以极大地满足对方的优越感，打开对方的心门，从而为成功地说服对方打下基础。

在人际交往中，如果想要应付自如，实现自己的目标，有一点是必须要做到的——在人际交往中，必须懂得随机应变，有些时候要懂得掩饰自己的锋芒，装傻充愣，让对方感受到自己的优越。适当地装

傻充愣并不是有损尊严的事，这样可以在人际交往中如鱼得水，挥洒自如。

在与人交谈时，我们往往会遇到这样的人，对方的口才特别好，舌灿莲花，但是说出的话总是让人感觉不舒服，让人感觉他很嚣张。这样的人，很难让他人接受他的观点和意见。因为他们总是在想着表现自己，让他人知道自己的能力很强；总是显摆自己，觉得自己比别人高一头，想通过自己的极致表现，让对方赞美自己。但结果却总是出乎他们的预料。

自大狂妄的人往往不招人待见，这样的人在与人交往中，最终都会落得孤家寡人的下场。而谦逊和善的人，在人际交往中往往能混得如鱼得水。

苏格拉底曾经这样说过："如果你想要众叛亲离，那么就表现得比任何人都优越；如果你想要朋友满天下，那么就要表现得谦逊豁达。"

如果你表现得比朋友优越，在他们心里很可能会产生一种自惭形秽的感觉，甚至会演变为羡慕嫉妒恨。但是，如果你稍微低低头，表现得卑微一些，那么他们就会感觉到他们很重要，从而表达出对你的亲近。可以说，这样的情况放在任何人际交往中都是适用的。

在工作中，如果想要得到领导的重视，就不能一味地表现自己，锋芒毕露，而要懂得韬光养晦，学会恰当、真实地展现自己的才华，这样才能得到领导的赏识。但很多时候，人们都会陷入一个误区之中，就是在错误的时间和地点奋力表现自己，企图让别人重视自己，但却一点都不知道收敛，狂妄自大，最后总是在莫名其妙中被疏远。

任何人都想表现得与众不同，以便得到同事的认可以及上司的赞许，这确实需要通过表现自己的能力来获取，但是，万事都不能太过，表现过头了，只会适得其反。同事之间一般都处于一种或明或暗的竞争关系中，如果我们过度地表现自己，那么必然会引来同事们的反感，引起大家的排斥和疏离。

卡耐基曾经说过："只懂得在他人面前拼命地表现自己，让别人重视自己的人，永远不可能得到能够交心的朋友。"任何人都有自己的自尊心，也没有人喜欢输。因此，我们在处理事情的时候，一定要充分地考虑对方的心理活动，要给与对方足够的重视与尊重，而将自己争强好胜的心理压制下来。

如果遇到与自己有着相同爱好或特长的人，而对方的表现欲望比较强，喜欢争强好胜，那么我们最好的应对办法就是退让一步，就算在对方能力没有我们强的情况下，依然要做到这一点——这样才能与对方和平相处。

但是，如果对方一味地逼迫，我们也不能太被动，因为我们一味地退让，很可能让对方对我们产生一种轻视的心理，从而打压我们。所以，在适当的时候，我们必须要展现出我们的才能，让对方认识到我们并非无能之人。

而在我们能力远超对方，让对方感到不如我们，表现得比较自卑时，我们应该主动地与对方和解，让对方重拾优越感，这样对方必然会对我们心服口服，异常钦佩，从而主动与我们搞好关系，和平共处。反之，如果我们总是想着表现自己，就会使别人对我们产生敌意，从而使我们遭受冷落。

乔丹效力于公牛队的时候，队中的皮蓬可以说是乔丹最强的竞争对手，因为他被公认为是最有希望超越乔丹的人。皮蓬年轻气盛，总是想表现得比乔丹更优越，并时常在眼神中表现出对乔丹的不屑，还经常在跟队友聊天的时候，说乔丹不如自己，他一定会顶替乔丹的位置，等等。

但是乔丹听到这些事情之后，并没有表现出任何不高兴，非但没有打压和排挤皮蓬，反而对其加以鼓励。

有一次，在比赛完休息时，乔丹笑着问皮蓬：“你觉得咱们两人的三分球，谁投得更好一些？”

皮蓬听后有些不高兴地说道：“你这不是明知故问吗？反正不是我。”

当时，根据比赛数据显示，乔丹的三分球成功率为29.2%，而皮蓬的三分球命中率则为27.3%。虽然差了仅仅2个百分点，但是实际距离却是相当遥远的。

乔丹听后，微笑着说道：“不，你错了，你投三分球比我投得要好很多。因为你投球时的动作要比我规范、自然很多，并且你也很有天赋，因此你投三分球的技术会越来越好，而我投三分球却存在着很多改变不了的缺点。”

稍作停顿，乔丹又接着说道：“我在扣篮的时候，一般都是用右手，虽然左手也可以，但是远没有右手熟练。而你却是左右手都投得一样好。”

对于这样的细节，皮蓬自己都不了解，但是乔丹却能够娓娓道来。乔丹的这种无私精神让皮蓬大为感动。从此以后，他们两人成了关系非常好的朋友。正是乔丹的这种无私精神，使得公牛队的凝聚力空前强大，从而击败一个又一个球队，创造出许多后人难以超越的神话。

乔丹的球技值得别人重视和尊敬，但是他那无私奉献的精神更值得人们重视和敬重，就连他的对手也不例外。

事实上，不管我们的能力有多强，总会存在不足的地方。在生活和工作中，保持低调，将优越感让给别人，是一种大气度的表现。这样做，不仅可以使自己显得更加理智和大气，还能赢得他人的敬重。

而也只有这样做，才能在说服别人时，更容易得到别人的好感，让说服变得更顺利。

4. 道理人人都会讲，就看你处理是否公平

在现实生活当中，遇到事情之后，我们都希望可以得到公平对待——别人有的，我也要有；我需要承担责任，别人也必须承担。如若不然，就会引起矛盾甚至是怨恨。所以，但凡涉及到分配的问题，必须要做到“众生平等”，份额一样。

但是，往往很多时候，我们无法做到这一点。如果真的到了这个时候，我们就要尽量让那些不是很合理的事情让人看起来很公正，让人们产生一种还算合理的感觉。

俗话说：“不患寡而患不均”，希望公平公正是人们普遍的心理需求。如果这种需求长期得不到满足，就会引起“不平则反”的情况。

其实，在说服他人时，说话的语言也一定要做到公平公正，这样才能让对方觉得你说得有道理，对方才会接受你的观点和意见。

人们常说：“不管你说的是什么，只看你是如何说的。”而话从不同人的口中说出来，起到的效果也是大不一样的。我们在与人谈话的时候，必须要保证自己说出的话和讲出的道理是公平公正的，否则便会引来对方的不满，导致谈话失败。到底应该如何做才能公平公正呢？其实也很简单，只要我们站在对方的立场上，用我们所讲的道理进行自我说服，而如果我们感觉很公平，那么在与对方交流时，对方往往也会欣然接受。

人们常说："有理走遍天下，无理寸步难行。"因此，我们无论做什么事情，都要做到有理有据，以理服人。同时，在占理的基础上，在处理事情时做到公平公正，这样才更容易让人信服。

如果你平时说话不讲理，处事不公正，就会失去自己在朋友和同事之间建立起来的信誉，更会失去领导的信任，让众人都远离你。一个处事不公、处处失信的人，遇到事情的时候，必然没有人愿意为他提供帮助。这样的人，无论走到什么地方，也都不会有人喜欢，只能是处处碰壁。

大家都知道处事时，要"以理服人"，但是要合理地、恰到好处地使用这样的方法说服别人，却不是一件容易的事情。对于相同的事情，用温和的语言和公正的态度去处理，往往比用激烈的言辞和严厉的态度去处理明显要好很多，所得到的结果也是大不相同的。

春秋时期，齐国的三位臣子公孙节、田凯疆和古冶为齐景公立了大功，被景公封为千户侯，一时之间风头无两。这三个人还结拜为异姓兄弟，并取号"齐地三杰"，非常嚣张跋扈，有时甚至对景公也非常不尊重，以你我相称。可因为他们有大勇和大才，所以齐景公睁一只眼闭一只眼地容忍了他们的所作所为。

但是，时间长了，"三杰"逐渐成为了齐国的"三害"。当时担任相国的晏婴对此深恶痛绝，屡次想出手除去他们，但是看到景公于心不忍，怕到最后"害"没除掉，反而平白与人结怨，所以这件事情多次搁置。但是，又不能一直这样下去，要不然国家就会因为他们而遭受不必要的损失。这可把晏婴急坏了。

一天，鲁昭公带着自己的智囊孙叔偌来齐国进行访问，晏婴感觉机会来了。果园中，三杰目空一切，佩剑站在台阶下。

晏婴说道："启奏君上，园中的寿桃已经长成，可以摘来让二位君上品尝。”

景公应允。

晏婴亲自去园中摘了六个红透了的寿桃。两位君主品尝后，景公赐予孙叔偌和晏婴各一个。之后，晏婴奏道：“现在还剩下两个桃子，君上可以让朝中大臣讲出自己的功劳，其中功劳大的，可以赏赐一个桃子作为嘉奖。”

景公应允。

公孙节率先站出来，将自己的功绩夸耀了一番：“当初君上外出狩猎，路遇猛虎，我将猛虎斩杀，救了君上。”

晏婴说：“这确实算大功一件，可得寿桃一个。”

古冶说道：“杀只老虎算什么。我还杀过一只妖鳖呢，也是护驾有功吧？”

景公说：“这也是奇功一件。应当赐桃。”

晏婴马上将桃子送上。

最后，田凯疆说道：“我曾率军讨伐敌国，斩杀敌国名将，让我国声威大震，将君上推上了盟主的宝座。”

晏婴说道：“你的功劳比他们大很多倍，但是桃子已经分发得一个不剩了，可得一杯酒水，桃子只能等到来年再行赏赐。”

景公说：“你的功劳确实是最大的，就是你说得太晚了。”

田凯疆听后非常气愤，说道：“他们的那些功绩都是小事，开疆扩土才是大功绩，但是我却得不到赏赐，还要遭受他人的耻笑，我再无颜面对天下了。”于是，拔剑自刎。

公孙节和古冶看到田凯疆身死，既伤心又羞愧，随后都自刎而死。

晏婴用这样的方式成功地达到了自己的目的，除掉了“三害”，而他所使用的方法就是“不患寡而患不均”，利用人们都希望得到公平对待的心理，成功地瓦解了对方。

现如今，社会上发生的许多争斗都是因为有一方遭受了“不公平”待遇引起的。比如，有人劳动多，工资却低；有人劳动少，工资却高；有人身居高位，却不需要管理什么；有人身处基层，却什么都要管。像这样的情况，可以说是屡见不鲜，所引发的后果也是相当严重的，造成了诸多混乱。

如果想让这样的情况得到很好的处理，必须要清楚地知道哪里不公平了，是什么样的原因造成的。其实，这就是缘于人与人之间的互相比较，都觉得自己付出的比别人多，得到的却比别人少。

而想要将所有事情都做到公平公正基本上是不可能的。但我们要尽量让那些不是十分合理的分配或者处理在表面上看起来公平公正，让其他人挑不出毛病，这样才能得到他人的赞同和认可，才有可能说服对方。

因此，我们在说服他人时，一定要注意这样的情况，避免这样的事情发生，应该尽量在讲理的基础上做到公平公正，这样才能让他人信服，才能更顺利地说服对方。

Chapter10

心理暗示，在不知不觉中让人信服

很多时候，人们在说服他人时，会通过各种各样的方式引导对方的观念和想法向着自己的观点靠拢。这样的方法总结起来就属于心理暗示。在说服他人时，利用心理暗示的方法，让人在潜意识里认为你说的是对的，这样你才能说服别人。

其实，我们在与人交谈时，选择一个恰当的问话方式，进行精妙的提问，便可以引导对方跟着我们的思维走，可以让谈话变得更加顺利，内容主旨较为明确，重点突出，从而让对方能够更容易理解你的意思。

在说服他人时，善于打比方，更容易让人相信你的观点是对的。对比，其实也是一种心理暗示。说服高手必然都善于将不同的事物进行对比，然后得出有利于自己观点的结论，进而在说服对方时起到重大作用。通过对比，我们可以用极少的话引出最有说服力的道理，用简单的语言描述出最复杂的事情，从而更有力度地说服对方。

通常，当我们在讲述某一道理或者事件时，运用联想和对比的方法，用简单易懂的事情或者道理来对自己的观点进行论证，往往能解释得更具体、更生动、更容易让人理解，这样就能让对方听得更明白，印象也会更深刻。

对比可以给人心理暗示，动作和表情也可以给对方心里暗示，不经意间说出的话，更可以给人心理暗示，这些心理暗示可以让对方对你的观点极度赞成，并且深信不疑。心理暗示的力量在说服他人的过程中能起到至关重要的作用。心理暗示可以激发对方的想象，可以让你的语言变得更加自然，让对方认为理应如此，这样就让对方更容易地认可你的观点，使你的说服变得更容易。

1. 通过对比可以影响别人的认知

在我们的日常生活中，当我们没有办法判断一件事情是好是坏时，就应该拿同样的事情来进行对比，这样便可以最快得出正确的结果。而在我们说服别人的过程中，也可以利用对比的方式，来影响对方的认知。

在很多时候，对比都可以增强我们的说服效果。通过对比，再加上准确的数据和真实的实例，我们就可以有效地说服对方。因为这样可以让对方形象并且清楚地看到可能出现的结果。

其实，在我们思考问题时，往往会因为太专注而突然变得有些茫然。这个时候，长篇大论的说服内容都会失去原本的作用。如果对方听不懂你的谈话内容或者对你所说的话非常不耐烦时，那么对方就会坚持自己的意见。所以，用真实的事例，让对方看到可能会出现的结果，才能获得对方的认同感，这样才更容易说服对方。

这样的结论一般都是对方通过自己认真考虑之后得出的，因此，在潜意识中，对方就没有太大的防备和排斥。

其实，很多时候，被说服的一方都会摇摆不定，这是因为他们的内心还是犹豫不决的。此时，就是你说服成功可能性最大的时候。你一定不能轻易地认为对方提出质疑的时候，前面你所说的话就都没有用了。对方之所以提出疑问，其实就已经表明，这些内容已经引起了对方的兴趣，但是还缺少一个强大的理由，加大对方内心的认可度。因此，这时你就应该给对方信心，让他坚信你说的是对的，按你说的做就会取得好的结果。

事实上，可以进行对比的不只是同类事物，同类事物的正反面照样可以进行对比，这在我们日常生活当中的很多地方都能起到很大的作用。

比如，在很多时候，人们想让别人购买自己的产品，就会尽可能多地介绍自己产品的优点，但这样往往会让顾客感觉这样的产品“徒有其表”，没有什么实际性的功能，甚至他们会认为你是在夸大其词地忽悠他们，欺骗他们让其购买你的产品，因此对你产生反感，并连带着将你的产品排斥在外。

但也有许多聪明的人，他们会准备一张卡片，在上面标明产品本身的优点，然后让顾客自己在上面标注产品的缺点。但是由于大部分顾客往往对新产品的了解不够，所以最后标注的缺点远远少于商家自己标注的优点。

而众多顾客在看到产品的优缺点之后，进行一番对比，就不难发现这款产品的综合测评是利大于弊，并且是利远远大于弊，甚至是弊端完全可以忽略不计。在这样的情况下，顾客心里就会自动形成“原来这款产后的优点有这么多”的感觉，因此，说服顾客购买的难度就会大大降低。

其实，在很多时候，我们在说服别人的过程中，对方都会提出一些问题，这些问题有的很好解释，有的却很难解释。但是，如果不为对方解释清楚，那么对方很可能就会不接受你的观点或意见，最终导致你的说服失败。那在遇到这种情况时，我们应该采用什么样的办法呢？此时，最好的方法还是举实例，与对方遇到的情况进行对比，这样就可以增强语言的说服力，增加说服的成功几率。

在三国时期，曹操一统北方后，挥军南下，与孙刘联军在赤壁开战，最后中计被打得大败。曹操率领众将士东躲西藏，历尽艰险，最后逃出了东吴地界，脱离了险境。

脱离险境后，曹操突然摇头叹气，嚎啕大哭。这使得众将士十分不解，于是纷纷上前问道："丞相，我们的船只被烧，将士伤亡惨重，面对敌军的屡次围剿，甚至是多次陷于危难之中，我们也都没有见您太难过，为何我们逃出东吴，有了粮草之后，你反而如此痛哭呢？"

曹操仰天长叹，悲伤地说道："没什么，只是想起了英年早逝的郭奉孝心中悲伤而已。如果他如今尚还健在，那么必然不会让我遭受到这样的惨败，让我如此狼狈。"

众将士听后尽皆默然，低头不语，都开始反省自己的过错。

赤壁之战的惨败，人人都有责任。掌握着生杀大权的曹操，完全可以将每个人都臭骂一顿，甚至是砍杀几个泄愤，抱怨是他们不尽心尽力，才得到现在这样的结果的。但是，曹操却采用对比的方法，在众将士面前追忆早已故去的谋士的好，这样更具有说服力，可以让众将士察觉出自己的失职，并且感觉到丞相对他们的爱惜之情，让众将士更加信服。

这就是通过对比，让对方更清楚地认识到自己的不足的最好例证。这样可以更容易赢得别人的信任，也可以更容易说服对方接受自己的观点和意见。

其实，在我们的生活当中，方方面面都存在着对比，而且我们也都在通过对比来了解事物的好与坏，哪些事情可以做，哪些事情做了将会面临失败的结果，什么样的人是好人，什么样的人又是坏人，等等。我们通过各种各样的对比，能提高我们对事物的认知能力，理清我们的是非观。我们也可通过对比，影响他人的观点和认知。比如，你的朋友想要购买一款产品，正好你用过这款产品，但是你认为它存在着很多缺陷，你就拿这款产品跟某款同类产品比较一番，将其缺陷完全暴露出来，并说明购买这款产品必然会吃亏上当，这时，你的朋友通常都会听从你的意见，放弃购买这款产品，这其实就是你通过将两款产品进行对比，说明其中利弊，影响了你朋友的认知，说服了你的朋友。

在我们说服他人的过程中，通过对比的方式，往往更能说清楚同类事物或一类事物正反方面的利弊关系，增强言语的可信度和说服力，这样就更容易让对方接受我们的观点，从而成功地说服对方。

2. 告知对方严重后果，对方便会主动接受

通常情况下，说服别人有两种方式，就是有意识的说服和潜意识的说服。这两种方式几乎适用于任何情况。

很多人都知道，说服他人，说服的是他的心，也就是他的意识，他的思想，因此，在说服的过程中，准确地把握住对方的内心，充分地了解对方，才是说服他人最重要的一点。只有我们充分地了解了对方的所思所想，才能更容易地按照对方的思路进行说服，提高说服的效率，最终取得令双方都满意的结果。虽然说服他人的方式方法有很多种，但我们最常用的也就那么几种。而说出对方不接受可能会带来严重影响，甚至是损失惨重的后果，对方便会主动接受。

俗话说："打蛇打七寸。"说服他人的时候，如果能把握住关键点，就会使得说服的过程顺利许多，产生事半功倍的说服效果。如果

能将可能带来的严重后果分析透彻，就不用你再去想方设法地进行说服了——对方会自己深思熟虑，主动接受你的意见和观点。

说服他人的高手，并不一定要巧舌如簧、出口成章，但是一定要会精准地分析事情的利弊，分析出接受会有什么样的好结果，不接受又会有什么样的坏结果，尤其是要将严重后果分析得精辟入理，这样才能让对方主动接受你所提出的意见。

任何人都不愿意束手束脚，被其他事物所威胁，但与之相比，人们更不愿意的是去做一件已经可以预见失败的事情。如果某件事自己不做就有可能会产生极其严重的后果，那么人们往往就会自己说服自己去接受它，并将它做好。

无论任何事情，只要有开始，就会有结束，并得出结果。如果事情早已发生，并且已经结束，那么所得到的结果，无论是不是我们想要的，我们都必须接受。但是在我们说服别人时，虽然事情已经发生了，但是结果还并没有出现，整个事情都还在进行当中，那么这件事情最终的结果怎样，我们是无法确定的。尽管无法确定，但任何人都不会喜欢不好的结果，因为这是人们正常的想法。

很多时候，我们在生活中都会遇到这样的情况，在我们预料到最终结果会很不好的时候，便不愿意甚至是不敢将结果告诉对方。因为我们在潜意识中认为，将这样的结果告诉对方，对方肯定不会接受我们的观点或者意见，这样就会导致说服失败，所以没有任何说服者想看到这样的结果，因此就不会说出这样的后果。

虽然任何人都不希望看到不好的后果，更不愿意接受糟糕的结果，但通常人们都会有一种这样的感觉，就算我们不喜欢，不接受这种结果，但依然想了解一下真实的情况到最后到底会怎样。所以，我们在说服他人的过程中，将这样的结果给对方说明，事实上就会得到对方的好感和信任，从而在说服的情感上掌握主动，增加说服成功的可能性。

其实，遇到这样的情况，我们必须要将不好的后果说出来，因为这样，对方的潜意识会认为，虽然最后的结果会很不好，但是你却没有隐瞒他，你对他是真诚的，那么对方对你的信任就会加深，这样对方就可能更容易接受你的说服。

显然，这样一来，很多看似对我们说服不利的因素，立马就会转变成我们说服别人最有利的法宝。

因此，我们一定要做到，在任何情况下，任何理由下，我们在说服别人的过程中，都不要去欺骗对方，因为这样很可能会导致说服失败，甚至是引发更严重的后果。

我们在说服他人的过程中，先将利益摆出来，再告诉对方可能会出现的后果，这样或许能让对方认为我们是真诚待他，是值得信任的。人们往往就是这样，如果他们感受到了你是真诚可信的，他们就会更加信任你，什么话都会对你说，这样你就能更详细地了解对方，使得他们被说服的可能大大增加。

任何人都明白这样的道理，如果在说服别人的过程中，自暴其短，那纯粹就是搬起石头砸自己的脚，让说服失败。但其实不然，我们把事物的缺陷，可能出现的不良后果说出来，往往会让对方感觉出我们的真诚，从而使他们信任我们，从而使我们更顺利地说服对方。主动说出可能产生的严重后果，让对方自己说服自己，这样便可以让对方找不出任何理由，甚至是不想找出理由来反驳我们的观点。

人们的思想往往都是非常奇怪的。我们对那些能言善辩、滔滔不绝地讲述自己观点的益处，但却对自己观点的弊端只字不提的人，通常都会产生很强的戒备心理。

因此，我们在说服别人时，不能只说好处，这样只会让对方打退堂鼓，不接受我们的观点，从而导致说服失败。我们应该在适当的时候说出真实的可能会产生的不良后果，这样必然会赢得对方的好感和信任，从而让说服变得更容易。

其实，说服他人，都是在引导对方的意识，让他在意识中认可我们，接受我们的观点。这就是一种心理战术，只有将话说到对方的心里，才能保证说服有可能成功。而将可能会发生的不好的后果告诉对方，就是一种很高明的心理战术。

李燃和孙飞同在一家上市公司上班，他们在工作当中都是一把好手，并且是实力不分伯仲的竞争对手。他们已经明争暗斗了很长时间，但一直是不分胜负。

像他们这类人，通常情况下是没有任何合作可能性的，但任何事情都有出人意料的时候。不久前，管着两人的经理因办事不利，被公司的老总开掉了，但是据小道消息，马上要上任的新经理是一个十分严厉，并且排外的人，他会带着自己的营销团队前来上任。

这样的消息闹得公司上下都非常不安，但是就在这个节骨眼上，李燃又谈下了一个大单，而想要在新经理上任之前拿下这个单子，将业绩搞到手，几乎就是痴心妄想的事情。

在这样的情况下，只有找人合作，才有可能完成这个单子。经过深思熟虑，李燃找到了与自己斗得旗鼓相当的竞争对手孙飞。

和李燃起初预料的一样，在听到李燃说想跟自己合作拿下这个大单的时候，孙飞说："别开玩笑了，这样的单子你自己就可以完成，还拉上我，纯粹是拿我寻开心吧！"显然，孙飞对此难以置信。

"如果想要拿你开涮，你不觉得这样的办法太低级了吗？"李燃否定道，"我们公司将会有新经理上任的事情，想必你早已经听说了吧？"

"这事公司里还有谁不知道啊？"孙飞笑着说道。

"但是这个经理会带来自己的营销团队，据说团队的成员营销能力都非常强，这就说明，公司的很多人都有可能被淘汰掉，面临炒鱿鱼的下场。如果我们想要继续留在这里，就必须有拿得出手的成绩，这样我们才可以在新经理面前站稳脚跟。所以我们必须在对方上任之前，干一票大的，拿下一个让任何人都为之侧目的大单。现在已经没有多少时间了，想要重新寻找单子已经来不及了，但正好我手上的这一份就很有分量，如果我们合作的话，那么在最终的业绩单上可以写上我们两个人的名字。”

李燃将事情详细地分析完之后，便沉默了下来，等待孙飞的答复。能和李燃斗这么长时间都未尝一败的孙飞，必然是一个十分有头脑的人，因此在略微思索之后，便爽快地答应了与李燃的合作。

就算双方是宿敌，但也不一定就完全不可以合作。李燃之所以能够成功地说服孙飞，依靠的不是舌灿莲花的口才，更不是“诓骗”，而仅仅是将可能会出现的后果细致地分析了一遍，便打赢了这场“说服战”。

因此，在我们说服他人时，特别是说服那些十分难缠的人时，将对方在不接受你意见的情况下可能产生的严重后果说出来，这样往往就可以大大提高你说服对方的可能性，进而使你成功地说服对方。

3. 通过动作和表情，让你掌握说话主动权

在日常的工作和生活当中，我们会遇到形形色色的事情。比如，有时我们会遇到一个讲起话来口若悬河、滔滔不绝的人，就算我们不

想听了，可对方依然停不下来，但我们却又插不上嘴。这时我们不用出言打断他，我们可以将关注对方的眼神移开，或者将周围的一些东西故意碰掉，又或者表现出一些极其夸张的表情，那么在对方发现之后，谈话的主动权便会落到你的手中。

很多时候，简单有效，并且能维护他人尊严的取得话语主动权的方法，仅仅是将眼神移开就可以。

“眼睛是心灵的窗户。”虽然眼睛不能像语言一样，直接表达出我们的意思，但很多情况下它都可以帮助我们传达一些语言表达不出来的情感。

任何人在与人交谈的时候，都希望别人一直关注着自己，将注意力都集中在自己的身上。而最能体现注意力的，就是我们的眼睛。如果在我们说服他人的过程中，对方一直用眼神注视着我们，并时不时地表达一下自己的想法，那么就可以使得说服更加容易，同时也更加顺利。反过来，如果有人在跟你交谈时，你总是左顾右看，忙活自己的事情，那么对方就会认为你是不尊重他。

移开眼神有时候或许是种很不礼貌的行为，但是如果在遇到很能说的，浪费他人时间还毫无所觉的话唠时，却可以在不伤人面子的情况下，起到提醒对方的作用。

任何人都希望可以畅所欲言，将自己的想法和观点表达出来，引起其他人的注意和赞美。但是，在很多情况下，由于身份地位、说话技巧，甚至是见识方面的关系，会导致我们沦落为倾听的一方，没有任何的话语权。在别人口若悬河、滔滔不绝的时候，怎样才能在不伤害对方面子的情况下插上嘴，说话的方法就会变得很重要。

另外，在与人交谈时，想要成功地不着痕迹地打断对方的讲话，必须做到在移开眼神时，不能连带着身体也一起移动。因为如果你连身体也移动的话，别人往往就会察觉不到你眼神的变化，可能会认为你是坐的姿势不舒服，想要换换姿势，或者是别的什么，这样就没有机会拿到说话的主动权。

在我们说服他人的过程中，为了让说服情节朝着有利于自己的方面发展，我们必须竭尽所能地去掌握说话的主动权。从说服者的说服能力来看，往往具备更强能力的是主动说话的一方，而被动地听他人滔滔不绝地讲话的一方是完全处于下风的。因此，我们要坚决避免这种事情的发生，一定要掌握说话的主动权。

如果对方是一个夸夸其谈的人，他是不可能理解到你的心情的，所以就不会主动让出话语权。虽然有时候别人也不是有意的，但如果你听之任之，不将话语的主动权抢回来的话，那么很有可能会导致说服失败。

有一本讲述营销技巧的书，在书中这样写道："如果在与顾客交谈时，被其抓住话头就开始喋喋不休，这时我们可以用一些方法打断顾客的话（比如，故意弄出些动静），换另一个话题。"比如，将硬币掉落到地上，或者利用周围一切可以利用的东西，如笔、书本等。突然发出的声响，必然会吓对方一跳，这样便可以中断谈话。

在谈话中断之后，你可以说："不好意思，把您的东西碰掉了。对了，刚才咱们所说的话题……"这样便可以成功地将谈话的主动权转移到你的手中。

当然，打断对方的谈话的方法还有很多种，而"适度拖延"法就是打断对方谈话的有效方法。一般就是通过说"不好意思，我接一个电话""非常抱歉，忘记给您倒茶了"等话，制造出离开谈话现场的机会。借机出去之后，再回到谈话现场，此时，就比较容易抢夺回谈话的主动权。

很多人都喜欢看体育赛事，而无论是篮球，还是足球，在他们的队伍落入下风的时候，己方的教练通常都会叫"暂停"——通过暂停的方式，在场下做队员的思想工作，为他们打气，并分析己方与对方的优劣，鼓励队员重新振作起来，再让队员投入比赛。心理学上的“适度拖延”与这种做法都可以起到相同的效果。

因此，在说服对方的过程中，如果遇到对方口若悬河地讲个没完的时候，你就可以使用适度拖延的方法打断对方的话。但再次回到谈话现场的时候，一定要你先说话，这样你就可以非常自然地将谈话的主动权转移到自己的手中。

实际上，我们在与人交谈的时候，就和接球练习是一样的。在接球练习中，如果你传球的速度过快，那么对方就可能接不到球；如果一直是一个人拿着球，那么接球练习也就不可能顺利地进行下去。在说服他人的过程中，与对方保持交替发言对于成功说服对方来说是极为重要的。

在与人交谈时，通过动作和表情的调整，可以让对方长话短说、短话细说、继续说或是停止说。如果我们想让对方长话短说，只挑重点说时，可以在对方口若悬河、喋喋不休时，做出快速点头的动作。这样在对方注意到之后，就会明白这是你希望他迅速完结或是希望他只拣重点讲。反过来，在你做出缓慢点头的动作时，对方就会明白你是在说：“你的谈话我很感兴趣，可以继续说下去。”

而如果你察觉到只有自己在说话的时候，想要将说话的权力交给对方，那么你就减慢说话的语速，同时将说话的音量降低一些，每段话结束的时候拉长声音，并且将眼神转移开，这时对方就会了解轮到他发表自己的观点和意见了。

张桐是一家出口公司的营销主管，最近，公司交给他一个任务，让他去跟一个有合作意向的客户进行洽谈。在去见这位客户之前，公司老总就告诉他这个客户非常难搞定，嘱咐他要将准备工作做足，因此，张桐在这上面下了很多功夫。

但是，事情往往是出人预料的，老总所说的“非常难搞定”，并不是说这个客户的要求有多高，也不是对方的习惯有多么古怪，而是对方是个话唠，完全属于讲起话来就停不下来的那种。

张桐从小到大见过的所有人当中，都没有这么“能说”的人。因此，张桐足足在对方的办公室里听对方讲了将近两个小时的时候，谈话还是没有讲到和生意有联系的内容。这么长的一段时间里，张桐都是极为被动的一方，一直在听对方讲话，根本插不上嘴，而这个客户一直在讲他的经历，从创业到取得成功，甚至是他走过的地方，见过的任何人和事，都要事无巨细地拿出来讲上一遍。

又过去了两个小时，眼看天色渐晚，张桐的心情就像热锅上的蚂蚁一样，急得“转来转去”。但是，他也不能贸然打断对方的讲话，因为惹得对方不满意的话，公司很可能就会失去这个客户。

张桐想了又想，终于想到了一个办法——在对方讲得激情洋溢的时候，张桐将眼神不着痕迹地从对方的身上转移到了办公桌上放着的一件工艺品上。

“额……那个，我是不是讲的废话太多了？”这位客户终于在又讲了将近有半个小时后，发现坐在他对面的张桐的注意力已经转到了桌子的工艺品上，一时间有些尴尬。

“不是，我只是觉得您的品味很高，您不仅生意做得好，还会淘弄这样精致的工艺品。我对您真是佩服之至啊！”张桐见自己终于成功地中止了对方的讲话，于是，不等对方再次开口，便将自己之前准备好的资料递给了对方，并说：“我们公司这次为您推荐的产品，就和您的这件工艺品一样，都属于中国风，古香古色的，相信您一定会喜欢。”

张桐通过这种方式不着痕迹地打断了对方的讲话，并且保留了对方的面子，成功地将双方谈话的内容转移到了正题上来。

任何人都希望自己所说的话能引起别人的注意，更希望可以得到别人的认可。只是在我们说话的时候，一定要注意对方的眼神或动作，在对方眼神不在自己身上，或者动作有些想让我们停止讲话的时候，一定要遵从对方的意愿行事，这样才能保证接下来的谈话可以继续下去，从而得到对方的好感，增强成功说服对方的可能性。

4. 无意间说出的话，最容易让人相信

在日常生活和工作当中，我们总会不经意间说出一些话，而这些话里有时会包含一些我们不愿意透露的信息。由于这些内容具有很高的真实性，所以往往会被人们相信。而如果能了解到这一点，我们在说服他人的过程中，就可以利用这一点说服对方，赢得对方的信任，让说服过程更加顺利。

很多时候，在我们与他人交流时，往往对方越是信誓旦旦地保证，甚至是发毒誓、写保证书，反而让我们觉得越是不能相信他。但是，对方有些不经意间说出的话，却会深入到我们的心中，让我们深信不疑。

那这到底是为什么呢?

其实，这也并不是很难理解。骗人的话千万种，但是归结起来，总共也就两种，一种是一眼望穿型，一种是悬疑难断型。对于前者来说，人们通常都将这样的谎言当作笑料，认为是愚蠢行为；对于后者

来说，人们往往看不透，也想不明白，因此对其十分顾忌，唯恐避之不及。

悬疑难断型的谎言人们分辨不清，因为这种谎言是说话的人在经过认真分析，仔细斟酌之后才说出来的，所以就很难被揭穿。而诸如妙语连珠，口若悬河，甚至是毒誓，都会被人们认为是在演戏，做作的成分居多，往往会让人产生一种感觉：对方是为了取得我的信任故意做出来给我看的。与这些相比较，不经意间说出的话反而更能赢得人们的信任。

不经意间说出的话往往都是在人与人之间无事闲谈的时候说出来的。这样的话可信度非常高，因为它往往反映出的是人们内心最真实的想法。

不经意间说出的话或许会是真的，但也并不完全是。如果我们总是以这种方式思考别人不经意间说出的话，有时候就会被有心人利用。

三国时期，曹操平定北方之后，便发动赤壁之战，准备灭了孙刘，一统天下。但是，谁料曹操初到东吴地界，刚刚与孙刘交战，便吃了一个大亏。

第二天，曹操问众位将士：“我方昨天吃了一个败仗，对士气的影响颇大；今天又被周瑜查探到了我水寨部署的虚实，我应该怎么应对呢？”

这时，他的谋士蒋干说：“我与周瑜是好朋友，愿意前去说服他投降丞相。”曹操听后非常高兴，就派他去了。

听有人汇报说蒋干到访，周瑜就明白他是为曹操当说客来了，但周瑜装作不知，非常热情地设宴款待蒋干。

酒宴上，周瑜让营中众将士都与蒋干见礼，一一介绍他们认识。说蒋干是他求学时的同窗好友，今天只谈友情不讲其他，有人胆敢擅自乱说，斩首示众。

蒋干吓出一身冷汗，因此对说服周瑜投降曹操的事情只字未提。

周瑜又说："我自带兵以来，从不喝酒，现在见到好友高兴，一定要一醉方休。"在酒喝到一半的时候，周瑜牵着蒋干的手，走出帐外。

外面盯梢的士兵，都是穿戴整齐，手持兵器而立。周瑜就问蒋干："我的士兵，还算威猛吧？"

蒋干说："不愧是虎狼之师。"

周瑜又将蒋干引到了大帐后面，粮草器用堆积如山。周瑜说："你看我的粮草物资，够用吗？"

蒋干回应说："真可谓是兵精粮足啊。"

周瑜大笑，引领蒋干再次入帐。回到酒宴上，再次畅饮。

一直到深夜，蒋干说道："我酒量不好，实在是不能再喝了。"

周瑜就撤掉酒席，让众将士退下，对蒋干说道："咱们两个很久没有同榻而眠了，今天一定要同榻而眠。"周瑜佯作大醉，摇摇晃晃领着蒋干去自己的营帐共寝。

周瑜躺下便"睡着"了。蒋干见周瑜熟睡，便起床偷看周瑜的军书文件，同他人的来往书信。他发现其中有一封是曹操身边的将士蔡瑁和张允写给周瑜的，大吃一惊，就打开观看。只见信上写道："我们归降曹操，并不是图功名利禄，是迫于当时的形势。现在已经得到了曹操的重用，得到机会，便将曹操的人头，献给都督。马上将会有人前来与您详谈。见到之后，请不要怀疑。"

蒋干恍然大悟，原来蔡瑁和张允已经私通东吴了！于是，他将书信藏在了衣服里。这时，周瑜翻了个身，吓得他急忙灭了灯，躺在床上。周瑜含糊不清地说道："子翼，我在几天之内，一定让你看到曹操的首级……一定……看到曹操的首级。"

蒋干应付了几句。

蒋干躺在床上，快天明的时候，有人进帐叫醒周瑜，说有事要报。周瑜起来后，有些茫然地问道："睡在床上的人是谁啊？"

士兵回答："都督昨天请蒋干共寝，怎么忘了呢？"

周瑜听后十分懊恼："我平常从不喝酒，喝酒误事啊，就是不知道有没有乱说些什么。"

来人说："江北有人过来，求见都督。"

周瑜训斥道："小点声。"然后又喊了声："子翼。"

蒋干装睡不醒。

于是，周瑜走出大帐。

蒋干在帐中偷听，只听到有人说："张、蔡两位将军称没有机会下手……"越说声音越低，就听不到了。

过了一会儿，周瑜走进帐中，又低声喊道："子翼。"

蒋干还是装睡，而周瑜也躺下睡觉。

蒋干想："周瑜是个十分精明的人，如果天明的时候，发现书信不见了，肯定会杀了我的。"因此，在天色微亮的时候，就起身叫周瑜。周瑜也假装睡觉。于是，蒋干就招呼自己的小童，走出了周营，到了辕门。站岗的士兵问蒋干："先生这是要去做什么？"

蒋干说："我在这里待的时间长了怕会耽误都督的大事，所以就准备回去了。"

而士兵也没有阻拦他。

蒋干到了曹营后，曹操问："子翼，结果如何？"

蒋干说："周瑜意志坚定，轻易不能说动。"

曹操听后十分生气："招降不成，必然被对方取笑！"

蒋干说："虽然没有成功地说服周瑜，但我却打听到一件极为重要的事情。"

蒋干将书信交给了曹操，将事情的经过向曹操讲述了一遍。曹操了解情况后，大怒："他们两人竟然想加害我！"于是，命人将二人斩于刀下。

后来曹操在众多将士中选毛玠和于禁操练水军，顶替蔡瑁和张允的职位。东吴的细作打探到后，报告给了东吴。周瑜听后非常兴奋地说："我最忌惮的就是那两个人，现在被除去了，我没有什么值得忧患的了。"

不经意间说出的话或者是无意识的时候说出的话，往往会被人们信以为真，并且是深信不疑。周瑜就是利用了这一点，成功地用计谋骗得了蒋干的信任，借助曹操之手，除去了自己的心腹大患。

周瑜利用一些虚假的信息，故意在"不经意"间说了出来，成功地达到了自己的目的，在赤壁之战中掌握了战争的先机。

其实，我们在说服他人时，也可以利用这种方式，在不经意间"故意"泄露出一些假消息给对方，达到迷惑对方的目的。如果我们想要取得对方的信任，尤其是对方是个心智精明、极其难缠的角色时，我们就不用反复强调一件事情，只需要将这件事情利用不经意的方式说出来，就会打动对方，得到对方的信任。

在生活和工作中，我们会遇到各种各样的事情，需要我们给予处理。简单的事情很容易就能处理好，但是复杂的事情却需要反复地进行处理。比如，两个人因一件事情产生不同的想法，发生争执，互不相让，但究其根本，就是发生争执的双方互不信任，谁也说服不了对方。

这个时候，我们不妨利用将一些信息在不经意间说出口，这样就有可能赢得对方的信任与认可，从而让对方接受自己的意见和观点。

所以说，我们在说服别人的过程中，也可以掺杂一些不经意间说出的话，这样不仅能得到别人的信任，还能得到自己想要的结果，从而达到说服对方的目的。

Chapter11

选择时间，

选择易于说服对方的时间

做一件事，不要急于求成，说服他人时也是这样。当然，也不要以为，说服全靠一张嘴，会说话未必能讨巧。生活中，往往会说话的人，不如会看时机说话的人。因为在恰当的时机说出最恰当的话，才能产生事半功倍的效果。所以，在说服的过程中，要懂得察言观色，看准场合，而且要看准对方的情绪变化再下手。当然，做到这些，需要说服者具备敏锐的洞察力，懂得倾听，找准对方的兴奋点，等等。因此说，说服他人不仅仅需要良好的沟通能力，更要求我们懂得对时机的把握，在适当的时候抛出我们的问题，让对方在能够并愿意接受的情境下，继续我们的话题，从而达成说服对方的目的。

说服效果的好与坏与说服者有直接的关系。一个说服高手，不仅具备清晰的语言表达能力，更具备看准时机下手的能力，他们会从很多方面对被劝说者进行分析，然后适时地出击。

1．看准时机，让你的说服更顺利

会说话未必能讨巧。生活中，往往会说话的人，不如会看时机说话的人。因为在恰当的时机说出最恰当的话，才能产生事半功倍的效果。

不论在生活中，还是在商业经营中，寻找到适当的说话时机是达到目的的重要手段之一。如一些推销员往往会在一定的季节或是一星期的某一天去拜访顾客，他们认为找准时机拜访顾客是向对方引出话题的最好时机。同样，在职场中，当我们想要寻找适当的时机向上司提出设备不够，希望劝他购买新设备等问题时，如果发现上司对眼下的一切还很满意，就不要将自己的想法提出来。因为这绝不是一个恰当的时机。财政顾问罗生·W伯布逊先生曾说过这样的话："把握适当的时机说话相当重要，首先我们必须看清楚有希望的顾客，是否真的具有认购的意愿。如果在推销中，你忽略了对方的问题，只是大谈自己的问题，那么说明你根本没有把握住重点。我过去在推销产品时，不会对顾客一再强调这种产品如何有助于对方解决目前的问题。在推销中，我谨守的原则就是不要谈论自己的意见。"

说话看时机，说的就是有些话该说的时候再说，不该说的时候就免开尊口。卡耐基曾经这样说过，陪君子说话容易有三种失误——还没轮到自己说的时候却抢先说了，这叫急躁；轮到自己说话的时候却不说了，这叫阴隐；不察言观色而说话，叫瞎子。第三个毛病说的就是有些人在说话的时候不看人家的反应，只顾自己说，在卡耐基看来这种人如同瞎子一般。由于在生活尤其是在职场中，我们的话语大都有目的性，如果我们不懂得交流的技巧，不明白说话要注意时机的话，我们的意愿往往是很难达成的。

出身于清末贵族家庭的裕容龄，从小酷爱舞蹈艺术，而且在这方面也很有天赋。但是，在他父母看来，作为一品大员的女儿——格格，在众人面前抛头露面去跳舞是很有失身份的一件事。所以，尽管裕容龄非常想学习舞蹈，却不敢向父母说出自己的想法。

后来，裕容龄的父亲被派往日本担任公使，她和母亲还有姐姐一同前往。一天，一位日本大使的夫人前来看望裕容龄的母亲，当她看到漂亮的裕容龄及其姐姐的时候，便问她们会不会跳舞。得知她们并不会跳舞后，不禁对裕容龄的母亲说："你家的小姐怎么不会跳舞，在日本，女孩是都要学习舞蹈的。"聪明的裕容龄见大使夫人如此说，便趁机告诉母亲自己想学习舞蹈一事，她说："好母亲，女儿以后就学习日本舞蹈，学会了跳给你看，好不好？"说着又不失时机地换上了日本和服，跳起了日本古典舞——《鹤龟舞》，得到了大使夫人的连连夸赞，这使裕容龄的母亲不得不答应了她的请求。

对于裕容龄那样的家庭来说，想要说服父母答应女儿学习跳舞应该是一件很困难的事，因此，裕容龄虽然喜欢舞蹈，但一直不敢说出自己的想法。可是，大使夫人的到来与问话，恰巧为这一说服创造了良好的时机，而裕容龄又实时地把握住了这一难得的机会，将自己的意愿向母亲说了出来，从而圆了自己想学习舞蹈的梦想。可见，说话时把握时机的重要性。

说话要讲究时机，这不仅能表现出你对对方的一种尊重，更能让你说出的话发挥出好的效果。为什么在一些商业活动中，有的人就能顺利签单，有些人就没有那么容易，这与他们的说话技巧以及是否懂得把握时机去说话有很大的关系。不论我们的目的是什么，在我们说服对方的时候，首先要明白，此刻对方是否有心情听你说话，对你的话题有没有产生兴趣。只有当对方愿意听你说，并流露出对你的话题很有兴趣时，你的话才会产生应有的效果，否则还不如不说。

梁丽在一家公司里工作了很久了，公司在管理方面的许多弊病她都看在眼里，心直口快的她几次在主管会议上向老总提出改正方案，都没有被采纳。对于梁丽而言，别的倒没什么，唯独自己管理的机房没有装空调是她的一块大心病。因为那些计算机不耐高温，所以需要经常维修。可是，老总对她提出装空调一事就是不予理睬。梁丽想老总可能认为她装空调是出于私心。

直到有一次，老总带着大家去参观文物展览会，期间他发现一些文物有了破损，讲解员告诉他这是因为文物需要在一种恒温下保存，而相关部门由于没有太多的经费来对此进行保护，所以才变成那个样子的。解说员还说，尤其是在高温条件下，文物的损坏率会更高。一旁的梁丽看着老总听后颇为感慨的样子，不失时机地说："其实，咱们公司的机房也是这个问题，因为没有空调，计算机才总需要维修的。"老总听后，马上对梁丽说："回去咱就给机房装上空调。"时机对了，只是一句话的事情问题就被解决了。对此，梁丽不禁无限感慨，曾经自己费尽脑汁都不能说服老总为机房装空调，而今竟这样轻易地把这个问题解决了。可见，说服他人的时候，看准时机是多么重要啊！

说服他人需要技巧，但也要懂得把握时机，这样我们的话语才能发挥更好的效应。看准时机，适时地将自己的意愿和要求提出来，这也需要一种智慧与历练。当机会到来的时候，我们如何把握，如何恰如其分地说出我们的想法是很关键的，而好的时机也是稍纵即逝的，那么何时才是最恰当的时机，我们如何去把握这样的机会呢？这个似乎并没有什么规律可循，主要还是要看当时谈话的具体情况，比如对方的心情是否适合你的话题，当时的环境是否适合你的话题，等等。所以，我们要懂得察言观色，并借助以往的一些经验来对此进行判断。

说服他人不仅仅需要良好的沟通能力，更要求我们懂得对时机的把握，在适当的时候抛出我们的问题，让对方在能够并愿意接受的情境下，继续我们的话题，从而达成说服对方的目的。也就是说，在他人想听的时候，用他们喜欢的方式将你的话说出来。这样，你的说服目的才有可能达成。

2. 场合不同，说服的方式也要不同

“什么场合说什么话”，即说话是要分时间和场合的。俗话说得好，“当着和尚不说秃子”“看着瘸子不说短话”。这就是告诫人们什么话在什么时候当说，什么话在什么时候不当说。说话看场合，这个场合指的是说话的时间、地点和特定的交际场景。可以说，场合对于交际有着非常直接的制约作用。因此，我们应该懂得说话时要根据场合来决定自己说话的内容以及表达方式。正如作家李存葆说的那样：“在战斗最激烈的时候，宣传鼓动不会是长篇大论，有时面对敌人痛骂一声，回头向战友一招手，喊一声：‘有种的，跟我上！’这比宣传更有效。”可见，不同场合，要采用不同的说服方式。

生活中很多人在说话的时候不看场合，想说什么就说什么，这种人往往让人不胜其烦。而那些懂得察言观色的人，就比较受大家的喜欢。因为他们知道在什么时候说什么样的话。

台湾的连战先生，就是一个懂得在何种场合说何种话的人。他来北京访问时，在北京大学做过一次演讲。这次演讲非常成功，给当时在场的人留下了深刻的印象。而他的演讲之所以那样成功，与他的开场白有着密切关系。

连战先生演讲时说的第一句话是："台湾媒体报道说我今天回'母校'，母亲的母校。这是一个非常正确的报道。"此话一出，便赢得了雷鸣般的掌声。这是因为，连战先生的话抓住了听众的心，触动了大家的爱国之情。因此，连战先生的这一句话立刻让他的形象高大起来，所以在整场演讲中，人们才会聚精会神地听下去。而这也正应了："到什么山头唱什么歌。"

每一个说话的人，都应该看场合说话，要在恰当的场合中说恰如其分的话。不看场合，随心所欲地乱说是非常愚蠢的表现。尤其是在我们说服他人的过程中，如果不懂得看场合，就很难达成说服对方的目的。人们都知道，不能去请一位正沉浸在因亲人离去而伤痛的人去做很欢乐的事情，因为那不合时宜。同样，当我们想要说服他人的时候，一定要了解对方当下的处境。没有一个保险推销员会向一个正处于经济窘境的人推销额度很大的保险，因为他们知道那样是不会成功的。

一个人是否懂得在合适的场合说恰如其分的话，来说服对方按照自己的意愿行事，也是现代职场人必须掌握的处世技巧。在工作中难免会有同事做事没有分寸，工作拖后腿，这时如果不顾场合地去说他，一定会引起对方的不满。而如果我们可以变化一下思维，在一个恰当的时机用恰如其分的语言表达出来，可能收获的就是自己想看到的结果。

张伟来公司的时间虽然不算长，但也不短了，他在一个部门中负责管理人事。周娜是一位刚来的大学生，也许刚刚毕业不久，对工作的热情不是很高，不管公司有多忙，她想请假就请假，这让张伟很难办，因为公司人员的工作安排是一个萝卜一个坑的，周娜的请假势必影响整体工作进度。一天，周娜又来向张伟请假，考虑到工作任务，张伟没有答应她请假的要求。周娜因此对他很不满，从此见到张伟后都是爱理不理的。张伟因为这事心里也很郁闷，总想找个时机和周娜好好谈一谈。一个星期四的下午，材料员黄海涛因为母亲病重请了假，使得部门中很多工作不能完成，其中就有周娜负责的工作。由于任务紧迫，黄海涛在料理完母亲的事后，周末到公司加班，将之前拖欠的工作补上，而周娜也因为之前黄海涛的请假而没有完成任务，所以周末必须加班。对此，周娜心里不是很痛快。周娜所表现的情绪被张伟看在了眼里，于是，他将她叫到自己的办公室，并借着黄海涛请假一事向周娜说明了自己曾经并不是有意为难她不给她假，实在是因为公司里的每个员工各司其职造成的，如果有一个员工不到岗，就会影响整体的工作。周娜听了张伟的一番话后，对张伟的态度有了很大改变，而且从那之后，再也没发生无辜请假的事情。显然，在恰当的时候，说了恰当的话，才使得张伟很顺利地说服了周娜。

说服他人时要看场合，适当的场合下才能使说服更加顺畅。如果张伟没有抓住那样的时机去说服周娜，那么周娜也不会那么轻易地醒悟自己请假对整体工作造成的后果。说服他人的目的，无非就是要让对方按照我们的意愿去办事，可是对方能否被说动，这主要取决于我们的智慧。人在社会中，人事关系是复杂而又必须要面对的事情。我们不仅要学会有技巧的进行语言表达，更要学会察言观色，审时度势，因为人在不同场合、不同时间下所处的情境是不同的，心情自然也会不同，而懂得这些我们就可以巧妙地处理好一些问题。

也许很多人认为，我们只是平常人，既不经商，也不从政，有没有很强的说服能力都无所谓。其实不然，因为我们毕竟生活在社会中，需要面对很多自己无法解决的问题，有时候为了保护自己的利益，不得不提高自己的说服能力。那些在生活中和工作中产生的各种争论与冲突，会让我们的心情郁闷，甚至压抑、焦虑。如果我们能有一种好的方法，去解决这些问题，让我们在一笑之间将烦恼消除，那不是令人高兴的事情吗？

张伟因为工作关系，引起周娜的不满，让他很郁闷，可是在恰当时机到来时，他把握住了这一机会，不仅让周娜明白请假对工作会产生怎样的影响，同时也化解了他们之间因工作而产生的矛盾。

语言是一门艺术，说得好与不好，所取得的效果不尽相同。因此，在进行说服的过程中，要多思考，多观察，不要急于求成，要等待时机，看准场合，这样才能取得良好的说服成果。

3. 看准对方的情绪，该出手时才出手

“拥有三寸不烂之舌，胜于百万雄师。”这话的确有一定的道理，但是当我们在说服他人时，只是凭借着“三寸不烂之舌”就想说服他

人，有时候未必能如愿。如当一个人正处于负面情绪控制下时，说服他的难度就会明显加大。心理学家拉扎勒斯说："情绪是来自正在进行着的环境中好的或不好的信息的生理反应的组织，它依赖于短时的或持续的评价。"心理学家认为，当个体注意到外界发生的事件后，认知系统会自动评估这件事的感情色彩，并会引发之后的情绪反应。

每个人都不会无缘无故地产生某种情绪，而是受到了外界的一些事件的触动才产生了某种情绪。所以，当我们面对一个正处于一种负面情绪下控制的人时，与他交流一定要更加小心。如果说服这样的人时，不能捕捉到他们的情绪变化，说服者往往就很难达到说服他们的意愿。

一支球队赶着参加一场赛事，在坐了七八个小时的车后，来到了预定的酒店。入住后，队员们发现房间的热水器没有供应热水，而他们颠簸了一路，身心疲惫，本来想洗个热水澡后好好休息一晚，准备充足的体力迎战的，没想到竟然是这样。因此，他们的领队非常气愤，便强压着怒火去了酒店经理室。

到了经理室后，他坐下来对经理说："实在不好意思，半夜三更把您叫了起来，可是我为什么这样做，想必你应该清楚吧？酒店的住宿条件与我们之前所谈的并不一样，我想知道为什么？"

被人半夜叫醒的经理心情本来很不爽，但聪明的他还是一眼就看出来了，那位领队正极力控制着自己的怒火。经理明白，这个时候，首先要做的是让眼前的领队将心中的怒火平息下来，不然，有可能会发生不必要的冲突。于是，他赶忙站起身，亲自为领队倒了一杯茶，然后笑着说："既然我们之前都谈好了，您就请放心，无论出现什么样的问题，我都会为您解决的。您看，您劳累了一天了，先坐下来喝口水。"领队接过杯子后，经理又说："到底是什么情况，您说说看。

我保证，一定会让您满意的。”

在听了经理的这番话后，领队的脸色明显地缓和了下来。他把队员们到酒店后无法洗上个热水澡的情况告诉了经理，并说：“我们坐了一天的车，已经很累了，大家都想洗个热水澡缓解一下疲劳，而明天我们还有赛事，如果不能好好休息的话，是会影响比赛的。我只希望您把这个问题给解决一下。”经理了解情况后，赶紧派出人解决了这一问题，让队员们洗上了热水澡。

经理是个善于观察的人，他及时发现了领队的负面情绪，用温和的方式解决了问题，才没让领队的负面情绪蔓延。情绪对一个人的影响很大，在不同情绪下，人的反应是不同的。所以，当我们在说服他人时，一定要注意对方的情绪反应，不然会给我们的说服带来很大的阻碍。在说服他人时，如果我们能够发现对方处于哪种情绪控制下，就能有针对性地运用我们的态度和语言，而不是不知所以然地在那里不对症地瞎说，甚至可能火上浇油还懵然不知。这样的说服自然不会取得好的效果。只有懂得察言观色，看清对方的情绪，才能找准机会出手，才能有胜算的把握。

善于说服他人的人，绝对是一个善于捕捉他人情绪的人，而且也有很强的把握能力。心理学家认为，情绪既是主观感受，又是客观生理反应。所以，当一个人处于某种情绪下时，一定会在表面上有所显露。虽然有些人善于掩藏自己的情绪，可还是会有一些“蛛丝马迹”可循，善于说服他人的人，必然能在细微处见端倪。所谓“知己知彼，百战不殆”，在说服他人时，只有确切了解了对方的一切情况后，才可能取得好的说服效果。任何一个人都不要空想，打没有准备的战争——没有几个人可以在毫无准备的情况下，做到临危不乱，有条不紊。其实，说起来，说服就是一场攻心战，怎样攻心，如何让一切按照你的思路向前推进，这的确需要说服者用心研究。

学会察言观色，揣摩对方心思，然后根据自己所得到的信息，快速整理出出击的方案，是一个好的说服者必须具备的能力。有很多人可能会认为，被劝说的对象没有什么抵御能力，只需几句巧言便可以将他们说服。事实上，被劝说者有思想、有感情，甚至很偏执。如果我们在说服他人的过程中没有将这些因素考虑进去的话，说服成功的几率可能会极小。一个人的状态基本体现在他的情绪上，心态良好时，他的情绪是温和的，他是易于接近的，而心情不好时，他的情绪是恶劣的，他是难以靠近的，这时候绝对不是单刀直入说服他的好时机，要先让他的情绪缓和下来，然后再委婉地去劝说。一个情绪不冷静的人，是很难听进去别人说的任何话的，所以抚平他的情绪是首先要做的。

说服他人要看时机，要知道什么时候该说什么样的话。一个聪明人绝对不会劝说一个刚刚失去亲人的人去观看一场极其欢快的歌舞表演的，因为他的内心正充满着伤痛，根本没有心情去欣赏歌舞；也不会去劝说一个失业很久的人，去买昂贵的奢侈品。失业意味着经济来源被切断，人处于这种情况时，内心是缺乏安全感的，能保证日常生活就很不错了，哪还有心思去购买奢侈品。在商业活动中，那些销售高手，都懂得这个道理。他们在看到客户的第一眼时，立即会从客户的穿着、神态、情绪中捕捉到一些信息，然后有的放矢地去进行推销、说服，最终达成自己的销售目的。

一个说服高手，不仅具备清晰的语言表达能力，更具备看准时机下手的能力。他们会从很多方面对被劝说者进行分析，而其中对其情绪的掌握必然是不可少的步骤之一。在掌握了对方的情绪后，就知道接下来运用怎样的态度和语言来进行说服对方了。这样的说服往往都会取得成功。

4. 学会倾听，在该说话的时候再说

在说服他人时，首先要学会倾听。倾听是有效沟通必不可少的部分。倾听可以帮助人们的思想达成一致，使得彼此的感情更加通畅。倾听不是简单地用耳朵来听，是需要一个人用心地去感受对方在语言交流中所表达出来的言语信息和非言语信息的。在生活中，我们常常可以遇到这样的情况，有人在说话，有人在听，可是说者只顾着说，听者却心不在焉地听。可想而知，这样的一场交流收获的会是怎样的效果。

说服者如果只顾着自己说，便难以了解被说者的心理诉求，而在说服过程中当被说服者的心理诉求无法被满足时，这注定说服者的说服会失败。

美国的一项调查显示，在公司主管们的平均时间分配中，45% 的时间是在“听”。可见，在倾听中实现有效沟通跟管理有着怎样的必要性。卡纳基认为，在沟通的各项能力中，最重要的就是倾听的能力。在他看来，超强的雄辩能力、敏锐的洞察力以及写作的才能都没有会倾听重要。倾听可以让我们获取更多的信息，从而正确地认识他人以及事物发展的来龙去脉。如果一个人说得多，听得少，那么他所学到的东西就会很有限；相反，如果一个人善于倾听，乐于分享他人的情感和信息，别人也会愿意给他提出建议，这样的交流才能让自己发现更多的问题，然后去逐一解决。

在一家家族企业中，一位刚刚任职的经理，由于对自己管理的工

厂不是很熟悉，所以当有下属需要他帮助的时候，他几乎不知从何做起。但值得庆幸的是，这位家族企业管理者是一个善于倾听的人。每当下属找到他时，他都会这样问：“你认为你应该怎样做呢？”通常情况下，他这么一问，下属就会给出自己的建议，提出各种办法。这样过了一段时间后，他在倾听下属的说话中，了解到了工厂的许多情况，然后根据自己的判断，帮助下属们做出了正确的选择。因此，他也赢得了下属的好感。可见，倾听对于一个人来说有多么的重要。

倾听，是交流过程中，你能了解他人所思所想的最佳途径，只有了解了对方，你才能知道如何与他继续交流下去，也只有这样，沟通才能取得良好的效果。

同样，在说服他人的时候，说服者可以通过倾听被说者的话语以及其言语之外所显示的意思，来判断他内心真正想要的是什么，从而有针对性地说出你的想法和观点，打动被说服的人，使他愿意考虑按照你的意愿行事。

倾听其实也是一种礼貌行为，当你用心倾听他人的话语时，对方会感受到来自你对他的尊重，从而对你的设防会慢慢放松。这样，易于你与对方继续沟通下去，从而创造更好的机会将自己的话题引出。

1965年的日本，由于经济低迷，使得市场环境很不好。在这种社会大背景下，松下电器的销售行与代理店受到了严重影响，以致企业陷入困境。为了改善这一情况，松下决定彻底检讨整个销售体制，并作出改革。这一决定遭到了许多代理商的反对，而且反对之声日益高涨。面对这种状况，松下之助召开了1000多家销售商负责人的会议，与他们进行商议。为了说服他们，松下认为应先认真倾听一下销售代理商的声音。因此，会议一开始，松下之助便对大家说：“今天把诸位请到这里来，就是想知道大家对于销售体制变革的想法。请诸位畅所欲言。”说完，松下之助便先请那些反对最激烈的代理商负责人发表自己的意见。在这些人发表意见时，松下之助不曾打断任何一个人说的话，他只是坐在那里静静地倾听大家说的每一句话。等到所有的人都发表完意见之后，他才开始说话，松下之助详细地向众人说明了新的销售方式所推行的目的和方法。没想到，这一次那些代理商的负责人不但没有站起来反对他的改革，反而对新推出的方案表示理解和支持，并同意推行。

松下之助之所以能够成功说服代理商，与他在会议之初时的认真倾听是分不开的。通过“倾听”，松下之助表达出了对大家心声的理解，消除了反对者的不满情绪，进而让他们可以平心静气地听松下之助表述自己的观点，并给予理解和支持。其实，在说服的过程中，倾听他人的想法，也是在为自己赢得成功说服他人的砝码，因为了解，才能对症下药，才不会该不该说的话都说。

说服他人时，选择时机很重要，一定要注意合适的地点和时间。倾听是帮助我们找到说服他人的突破口的关键因素，在恰当的时间当口抛出我们的观点，让被劝说者能够接受它，或者有利于我们下一步的说服工作。如果在说服的过程中，我们不懂得倾听，就会有将自己的意愿强加给人的嫌疑，这样极有可能会引起被劝说者的反感，从而不利于说服工作的进行（这样的说服往往会以失败告终）。

在说服他人时，把握时机很重要，而构成这一时机的因素又有很多。都说恰当的时间说恰当的话，在说服他人时，我们对其了解得越多，找到的突破口也就越多，在时间的把握上也就越有利。通过倾听，可以了解被劝说者此时此刻处于怎样的情绪下，有着怎样的诉求，从而抓住机会引出话题，使自己的观点顺理成章地出现在对方面前。这样没有突兀感、不适感，所以更易于被劝说者接受。

倾听，就是全身心地听他人的讲话，在倾听中捕捉到可以为自己所用的信息，然后根据经验来判断什么时候该说出什么样的话，这样才能让对方更容易接受我们的观点，从而达到说服对方的目的。都说在恰当的时间里做恰当的事，是聪明的举动。而这恰当的时间，是需要我们用智慧来判断的，因此，在说服的过程中，因为有了之前的认真倾听，我们才能知道在什么时间应该抛出我们的问题和观点，这里所说的时间也就是所谓的成熟的时机。所以说，说服他人时，想要在恰当的时间中说出恰当的话，一定是在找到对方的突破口时，不失时机地将要表达的观点抛出来。因此说，想要更有效地说服他人，必须先学会倾听。

5. 看准对方的兴奋点适时出击

在说服他人时，善于抓住对方的兴奋点，也是使说服达成目的的一个策略。对于一个说服者来说，抓住了对方的兴奋点，便可以轻易地将自己的话题引出来。一个高明的说服者，在与被劝说者的话语和神态中，一定能捕捉到许多有利于自己的说服的信息，以此来策划下一步将要如何进行下去。

每个人都有他的兴奋点，那么什么是一个人的兴奋点呢？所谓的兴奋点其实就是，人在潜意识里有那么一块敏感区域，在受到刺激时很容易引起兴奋。比如，一个嗜酒如命的人，酒就是他的兴奋点；一个特别喜欢养狗的人，狗的话题就是他的兴奋点。那么，与这两种人交流时，多说酒和狗就可以让话题很好地延伸下去。

在说服他人时，很多时候被说服者在听，说服者在说。如果一个说服者只顾自己说话，没有很好的洞察力，看不出对方的情绪变化，就无法揣摩出被说服者的心思，为说服工作带来困难。反之，一个懂得察言观色的人，一定能够感受到被说服者的情绪变化，哪怕只是细微的变化。大家可能都知道，一个人在情绪好的时候，往往很好说话，这时的说服比较容易取得好的效果。所以，当一个说服者找到了被劝说者的兴奋点后，就可以顺利地展开说服工作了。就像那些善于抓住学生兴奋点的老师，他在讲课时就能把学生深深地吸引住，使得学生的听课效率非常高。

在课堂上，老师如果抓不住学生的兴奋点，这堂课就会让学生感到很枯燥、乏味。所以，有的老师会在讲课时设置悬念，设置各种活动，来激活学生的思维，使他们处于兴奋状态，产生兴奋点。而老师又能适时地抓住兴奋点，吸引学生的注意，使学生保持高涨的听课情绪。这样的授课方式能让学生的心情愉悦，思维处于活跃状态，所以他们在课堂上的收获也大。

在课堂上老师设置悬念，就是利用了人们的一种急切期待的心理状态，或者说是兴趣不断向前延伸和特别想知道事态是如何发展下去的心理。有些老师往往将问题先演化为一个悬而未决的谜团，以引起学生的高度注意力，进而形成强烈的参与意识，激起好奇心和求知欲。如此，老师便达到了让学生全神贯注听讲的目的。也就是说，为学生设置悬念问题，容易使学生产生兴奋，而这可以说是老师成功授课的一个很重要的前提。

张波老师在讲授“商鞅变法”时，就先为他的学生设置了一个悬念——他对变法的内容先不做讲解，而是从商鞅被车裂的悲惨下场入手，这就激起了学生的兴奋情绪，他们迫切地想知道商鞅到底做了什么，为什么会是这样的结局？这样一来，学生们就围绕着一系列问题开始了探究和学习。可见，找到对方的兴奋点对于话题的引入和延伸该是多么的重要。

在说服他人时，找到对方的兴奋点同样很重要。因为只有让对方兴奋起来，他才能更多地向你吐露自己的心声，使你对他的了解更加深入，同时，当被劝说者处于兴奋的时候，防范心理会松懈，所以，更容易切入各类话题。

那么，我们在说服中，如何快速准确地捕捉住对方的兴奋点呢？

这就要求我们要善于观察，不放过对方肢体和神态上的任何变化，而有时候越是细微的变化，越能透露他的真实情绪，因为人们都有自我保护欲，所以往往会隐藏自己。这时，能否捕捉住对方的变化，就看我们是否有敏锐的洞察力了。这个需要大家平时多注意观察人，做有心人，久而久之，就能做到。

会交流的人为什么能见人说人话，见鬼说鬼话，其原因之一就是，他能在短时间内看出对方在哪一类问题上感兴趣，然后顺着这个话题让交流顺畅起来，再寻找时机将自己想要表达的观点说出来。

在生活中，人们都比较喜欢与自己有共同话题的人。也许两个人并不熟悉，可就是偶尔的一次交流，发现彼此对某一话题都感兴趣，于是马上觉得两人的距离拉近了不少。而对于一个说服者而言，那个话题并不一定就是自己喜欢的，但是为了达到说服的目的，必须要去发现和迅速捕捉到被说服者的兴奋点，然后顺着他的兴奋点交流下去。

一次，王照东到某地去推销自己厂里的产品，当他来到一家朋友事先打好招呼的小公司时，业务员爱理不理地对他点了一下头，然后继续趴在电脑前玩他的游戏。十几分钟后，他依然没有搭话的意思。王照东想：“这怎么行？自己还有很多事情要办呢！”于是，他先开了腔：“同志您好，我就是前几天张刚跟你们说的那个人，听说你们这里用得上我们的产品，所以，我今天带了一些样品，麻烦您看一下。”半晌，业务员才说了一句话：“你先等会儿不行啊！”王照东无奈，只好保持沉默，重新坐下。等了一会，见业务员还没有和他谈的意思，王照东站了起来，走到业务员的身边。王照东平时也喜欢玩游戏，所以，一眼就看出了那个业务员正在玩的是什么东西，于是，他就站在业务员的身边，有一句没一句地聊起了这款游戏。还说自己到了怎样的等级，都有什么装备，在玩这个游戏的时候，遇到过什么样的强手和弱手。聊着聊着，业务员玩完了一局后，自动地停下了手中的游戏，开始与他攀谈起来，当然最初的内容还是游戏方面的。但是，通过游戏这一媒介，业务员显然不再对王照东置之不理了，而且主动地问起了王照东厂里的情况，并看了王照东的样品，对样品也比较满意。就这样，王照东此行的目的达到了，还与那位业务员成了朋友，而这个公司也成了他的长久客户。

业务员是一个游戏迷，亦或是有意不想理睬王照东，这都不重要，重要的是王照东了解了业务员的兴奋点后，不失时机，顺藤而下，以游戏的话题为切入点，打破了被置之不理的尴尬局面，并成功地将自己的产品销售了出去。其实，当他们能够顺畅地交流时，说服对方留下自己的产品基本上已经是水到渠成的事了（只要不是产品太差的话）。所以说，在说服的过程中，看准对方的兴奋点并能适时地出击，往往可以让说服工作极其顺利地继续下去。

Chapter 12

消除防范，

先消除对方的戒心再说服

当一个人对你充满戒心时，无论你说什么他都会对此持怀疑态度，甚至会考虑说这句话的意图，所以人们很难说服一个对自己怀有很强的防范心理的人。这样说来，想要成功地说服对方，就要让对方消除戒心。其实，消除对方的戒心并不是一件很难的事，只要你从“心”出发，让对方切实感受到你的诚意，对方自然会认可你的话。

说服不是简单地说话而已，最终的目的是让对方信服自己的言论或是观点，在日常生活中，我们可能会因为他人的一句“谢谢”而感到欣慰；可能会因为他人的一句问候而感到幸福；也可能会因为他人的一句牵挂感动不已。既然我们会因为他人这样的做法而感激他人，何不把这种做法转移到他人身上呢？相信，只要我们把真诚与友好传达给对方，对方就一定会感应到，从而降低对我们的戒备之心。

1. 想消除对方的戒心，就要先让对方看到你的真诚

将心比心是人们情感互换的基础，任何人都不愿意与一个虚情假意的人交往，更不用说接受他的建议，甚至是按照他的指令去行动了。所以在说服一个人之前，一定要让对方知道你有足够的诚意，而且你的建议对其是没有不良影响的。对方看到你的诚意才能试着去相信你，认真地考虑你的提议。这就要求你，在交往的过程中向对方展示出真诚。那要怎样向对方展示自己的真诚呢？

（1）让你的行动显出你的真诚。

业务员王俊在争取到新客户之前，曾请对方到一家饭店吃饭。

酒局上的氛围非常融洽，王俊对这次的合作已经十拿九稳，但在酒过三巡之后，王俊却发现自己的一个老客户也在这里消费，而且就在自己斜对角的那个包间里。这种情况下，王俊原本应该非常自然地去和对方打个招呼的，但不巧的是，他的新客户与那位老客户正好是竞争对手，彼此之间可以说水火不相容。如此一来，王俊就陷入到了两难的境地。

犹豫了几分钟，王俊还是决定要去和老客户打个招呼。但在去之前，王俊把自己的所有和与工作相关的文件、公文包、手机都放在了自己的椅子上，拿起酒杯，向新客户说道："那边有一个公司的合作伙伴，我去打个招呼，马上回来。""好的，请便。"新客户回应道。

待王俊离开，新客户的心里就产生了疑虑，但想到王俊的一切文

件和资料都还在椅子上，王俊的态度又很不卑不亢，没有想要“一脚踏两船”的意向，所以他又放下了疑虑，马上释怀了。

跟老客户敬了杯酒寒暄了几句之后，王俊就回到了原来的酒桌上，把放在自己椅子上的公文包、手机等全部收了起来，两人继续谈笑风生，没有任何芥蒂。

三天后，王俊与新客户签订了合同，业务圆满达成。

王俊正是用自己的真诚才赢得了新客户的信赖，从而消除了新客户对他的戒心的。众所周知，那些舌灿莲花的人，往往留给人们的印象都是过于精明，这容易引起他人的戒心，不容易被他人取信。正所谓“巧言令色，鲜矣仁”，就是说有人越是和我们巧舌如簧，就越是对我们怀有不良企图。“口蜜腹剑”大概说的就是这个道理。耳听为虚，眼见为实，相较于听到的话语，人们更愿意相信自己亲眼所见到的东西。所以，行动有时要比话语更容易打动人心，赢得他人的信任，进而消融他人的心理防线。

从根本上说，说服不仅仅限于语言上的交流，更在于双方之间心理的磨合。成功地抓住对方的心，打破对方的心理防线，让对方对你的戒心降到最低，这样说服起他人来方能事半功倍。

（2）让你的关爱显出你的真诚。

最近流行这样一个笑话：三个富翁碰到一起，都吹嘘自己非常有钱，有钱到了花不完的地步。

富翁甲说：“我们家的佣人都开宝马。”

富翁乙说：“宝马是我们家的垃圾装运车。”

富翁丙说：“我天天扶老奶奶过马路。”

甲乙二人遂服之，羡慕地说：“大哥，还是你有钱啊。”

虽然每天都有人被撞倒，每天也有人碰瓷，但也不是所有被撞的人都会碰瓷。

有一位医生开车去接孩子放学，天公不作美，因为下雨，玻璃上都是雨水，所以他没看清周围的车流，但黄色的信号灯他还是看见了，医生就尾随着前面的车前进。但是在前行过程中他撞倒了一辆摩托车，车主大叫了一声，倒在了地上。他赶紧下车想要问问车主的伤势如何，却被车主破口大骂，硬说是医生闯红灯，想要撞死他。医生抬头看，果然已经是红灯了，百口莫辩之余他只能扶起车主，揉了揉他的腿，非常友善地询问车主的情况，又和他商量如何处理这件事……可是，还没等医生说完，车主就制止了医生的话语，他活动活动自己的腿，又看了看自己的车，见没什么损伤只说了句“算了”，然后冲着医生笑了笑踩着油门走了。

生活中，很多干戈都是因为小事而起，摩托车车主由之前的恼怒到后来的息事宁人，是和医生的殷切关怀、友好的态度密不可分的。正是这样的关爱使得车主放下了戒心，放弃了挑衅，离开时甚至还冲着医生笑了笑。如果医生一开始就试图说服车主放弃赔偿，并且也跟着大动肝火，一起“碰瓷”事故将在所难免。但医生没有这样做，他的关爱就是一种最好的说服，说服了车主用理智来处理事故，用理智来解决意外，不得不说这是一种非常“高明”的说服术。

（3）让你的诚实显出你的真诚。

向谷是日本某地下组织的首领，他常常打着“活力门”这个号称是“最快速获利”的企业进行行骗。这一次，他又要去钓新的“大鱼”了。

“您在电视上肯定对‘活力门’已经有所了解了，因为它不断地收购企业，但迫于‘禁止独占垄断’这样的条例，所以‘活力门’在收购企业时会和其他的企业一同合作，进行收购；但其他企业不像

‘活力门’这样有雄厚的资金，所以这些企业有时会向地下组织借一点钱。因为这次收购的企业需要的钱数目很庞大，所以‘活力门’也在寻找新的投资人，这个项目会有多大利润我不多说，我只告诉你，半年时间你就可以获利50%。”

“会有赚钱这么快的项目吗？难道就没有什么风险？”

“风险当然有，因为有时要向地下组织借钱，所以万一被媒体曝光，或是发生天灾人祸，我们也会面临很大的损失，投资就有可能会面临失败。”

对方陷入了沉吟之中，向谷又说道："虽然这是很有赚头的项目，但也有风险，所以我不会勉强你，一切都取决于你。但我今天和你说的话，请不要向其他人透露，我先告辞了。”

向谷起身，向这条“大鱼”行了下礼，欲转身离开。

“请不要急着离开，我正在考虑。”看到向谷这样的态度，加上巨大利益的驱使，怀着“曝光之前可以采取行动，天灾人祸不可挡”的心理，原本还对向谷有所怀疑的“大鱼”就这样咬上了钩。

向谷没有向“大鱼”喋喋不休地说项目的好处，而是把跟随暴利而来的巨大风险向他做了阐述，从而赢取了“大鱼”的信任，使“大鱼”放下了防备，走上了向谷的“贼船”。

人们对于那些张口只谈好处，对风险却绝口不提的人通常怀有很强烈的防备心理，怀着“会有这样好的事？他会叫上我一起？肯定没那么简单”的想法，进而产生退却的心思。而向对方讲出优点的同时，告诉对方所要承担的风险却更容易赢取对方的信任，让对方觉得你诚实可靠。只有这样，说服对方的可能性才会增大。

2. 怎样去肯定对方

每个人都希望得到足够的重视与肯定，而当你的行为满足了对方的欲望时，对方就很容易把你视为知音。那要怎样肯定他人呢？

（1）赞美。

黄海的父亲已经60岁了，但最近他却迷上了赌博，且不说赌博的输赢，就说老人前两年刚做过手术，每天长时间地熬夜，时间长了身体也会垮掉。为了劝阻老人赌博，黄海的爷爷奶奶甚至都出动了，他们一路颤颤悠悠地去了赌场，愣是没把老人带回来。老人甚至放话说：“谁也别管我，再管我，我就不回来了。”

事已至此，黄海觉得他再不和父亲谈一谈，他们的家就不像家了。凌晨3点，黄海等到了年迈的父亲，父亲拖着疲惫的身体回到了家。父亲看到黄海很是吃惊，继而拉下脸来说道：“你也是劝我不要赌博的吗？那就不用说了，我不想听，我要睡觉去了。”

黄海站起身说：“爸，您一直是家里的顶梁柱，即便我现在已经成人可以支撑这个家了，但您却是我的支撑。您曾经为了这个家、为了我，流了那么多的汗，吃了那么多的苦，无论什么时候，我都支持你。可是，现在您能不能再继续为了这个家、为了我，照顾好您的身体？您才60，还要再陪我走几十年的路，我需要您。”

老人听完儿子的肺腑之言，激动地流下了眼泪。自那以后，他再也没有去过赌场，平日里也只是听听小曲，下下棋，溜溜鸟，散散步，整个人的状态都变好了，而他们的家庭氛围也比以前更融洽了。

无论针对谁，赞美都比批评更容易令其接受。赞美就像是阳光，可以让我们感受到自信与活力，从而让我们的生活充满希望；批评则会让我们感到无地自容，甚至自卑。马斯洛曾指出，人在物质生活得到保障时，最希望得到的就是他人的赞美，这种赞美，是他人甚至是社会带给我们自身的一种肯定。正是有了这份赞美，才让我们充满了动力，而我们也会尝试着把自己塑造成更为优秀的人。就像黄海的父亲，如果黄海一上来就是直接地批评父亲，父亲一定会产生抵触的情绪，接下来无论黄海说什么，他都会听不进去。而先赞美，则使得他的父亲在心理上产生了一种“行为塑造”，使他受到鼓励朝着更好的方向去发展。

但赞美的过程中也要讲究方法，不要说得天花乱坠，要有根据地说，否则只会给人留下溜须拍马、曲意逢迎的不良印象，从而让他人对你的人品产生怀疑。这也正是导致说服失败的真正原因。所以说，说服他人的时候，要使用真诚的赞美与肯定，这样才会消融对方的心理防线，从而成功地说服他人。

（2）倾听。

倾听，是一种肯定，能够向对方传达一种“我在听，我很尊重您，我很真诚的希望能够了解您的想法”的信息，所以有些时候，听比说的效果要好得多。通常，在沟通的过程中，倾听主要包括这几种作用：

第一，倾听代表着你对他人的尊重。只一味地夸夸其谈，或者在他人诉说时不加思考地强制打断，这些都是不礼貌、不尊重他人的行为。这样不仅会让你的个人形象受损，而且会严重地导致整个沟通的失败。

第二，倾听可以收集信息，增进了解。在倾听的过程中，对方往往会说些关于自身的话题，你可以在这个过程中挖掘到一些原本没有掌握到的讯息，也可以对原有的讯息进行核对以及校正。毕竟，百闻不如一见，真正的沟通过才能有真正的发言权。

第三，倾听是一种收集反馈信息的过程。在听的过程中，你可以从对方言语中的用词、语调、语气上大体地判断出对方对你刚才所说内容是否有了真正的了解，并持何种态度。

3. 优雅而有风度的人，才能拉近与他人的距离

杨幂自从火了以后，就有很多人开始对她进行人身攻击，说她的脚臭，说她整容等等，此类言传不绝于耳。但杨幂没有理会这样的攻击，甚至在言谈之中还会运用这些攻击进行“自黑”。很多人都说是因为杨幂的这种态度才对她路人转粉的。由此可见，一个人优雅而有风度，才会赢得他人的喜爱，甚至使人愿意主动接近你。那平日里，我们要怎样拉近与他人的距离呢?

（1）直接叫对对方称呼才有可能拉近彼此之间的距离。

恋人之间的称呼会随着二人之间关系的改变而改变，初识时叫对方的姓名，相熟时去掉姓只叫对方的名字，热恋时干脆变成“宝贝”“亲爱的”等一系列爱称，在关系更亲密后则又变成了“老公”“老婆”。称呼的转变显示着双方对此关系的一种认可，两个人的心理距离通常都会因为称呼的亲昵而拉近。所以现在不仅要求我们要

言之有理，还要求我们言之有“礼”。说话要恰当，要到位，不能像下文中的丁香一样，因为一句“姐姐”而失去了机会。

丁香大学一毕业就开始找工作。她投了些简历，也收到了一些面试邀请。这天她去一个杂志社面试，主考官是一位50岁左右的女士。因为丁香是来自新疆的姑娘，而考官则是年轻时在新疆待了一段时日，所以对新疆人很有感情。两人相谈甚欢，丁香想应聘的事应该八九不离十了。于是，在面试结束后，丁香为了和考官进一步拉近距离，临走时说：“姐姐，很期待能接到你的电话呦。”

考官当时愣了一下，说：“你多大了？看你简历上的年纪，我儿子都比你大几岁呢。”丁香只能尴尬地笑了笑说：“我叫习惯了，您别介意。”但最终丁香却没有接到这家杂志社的电话。

一个二十岁的姑娘，叫一个50岁左右的女人为姐姐，虽然丁香是想拉近彼此之间的距离，但年龄差距毕竟摆在那里，所以叫了姐姐显得丁香有些曲意逢迎。面对考官这样职场上的老前辈，叫一声“老师”，或者是“领导”都要比“姐姐”更合适。正确称呼的关键在于对对方的一种尊重，更在于在对方面前是否能够表现得更自然，更出众，这样双方的关系才能够变得更融洽。贸然地胡乱称呼他人有可能让人产生错觉，不但会引起对方的反感和排斥，还会影响到进一步的交往和沟通。

（2）适当的寒暄，拉近双方距离。

习军是北京一家公司的销售代表，由于公司要扩大规模，而他的业务能力又非常出色，新的市场又是在他的老家开发，所以自然而然的，公司就派了习军去进行新市场的开发。这对于已经在北京工作了数年，对北京市场非常熟悉的习军是一个非常大的挑战。

但习军没有害怕，而是在回家之前就做了非常充分的准备，他在各大网站上都发了介绍，宣传自己公司的帖子，对自己的亲朋好友也进行了相关的介绍，希望能够得到他们的帮助。

在这种努力之下，终于有一家公司主动打电话找到了习军，并表示对习军公司的产品非常感兴趣。就这样，习军非常自信地回到家乡，去这家企业进行相关的了解与洽谈。接待他的正是电话中聊得很投机的那位经理。习军见到他，在介绍完自己之后说的第一句话就是：感谢您让我能够在生日这天回家庆祝。就是这样简短的寒暄，迅速拉近了双方的距离。最后，习军不仅顺利签了单，还由此打开了公司在家乡的市场。而从此之后，习军和这位经理也成为了很要好的朋友。

适当的寒暄，不仅能够展现自己的做人素养，更能拉近彼此的距离，使谈话氛围更加融洽，也能为接下来的交谈打下良好的基础。如果没有任何的寒暄就直奔主题，尤其是在一些正式的场合，虽然有些人会觉得这种方式比较干脆利索，但这对于彼此之间的交谈是非常不利的，显得生硬而剑拔弩张，不利于谈判条款的展开与协商。

在习军的案例中，正是因为他的寒暄而使得两个人之间的谈话能够以更为友好的方式进行，在“感谢您让我能够在生日这天回家庆祝”这句话说完之后，习军所透露的不仅仅是他的生日，更表明两人是一个地方的人，无形之中就以老乡的身份和对方拉近了距离。

寒暄是社交中非常重要的一个礼仪，在一些正式的场合，不进行寒暄被视为无礼的表现。寒暄时不仅要选择合适的语句和打招呼的方式，更重要的是要富有感情，要带着主动热情、亲切友好的态度去进行寒暄——一张“冷”脸说“热”话，或者一张“热”脸说“冷”话，都会让人产生高傲或者虚伪的感觉。而且，寒暄时要注意度，不能说了好久都还没有进入到主题。而寒暄的目的在于示好，表达与对方进行交流的意愿，为接下来的交谈提供好的氛围，所以在态度上一定要亲切自然，不能没话找话，牵强附会，那样反而会让双方都不自在。

（3）谈吐文雅，拉近双方的距离。

语言是我们和人交往、说服别人的必备手段。谈吐文雅，不仅会让自己显得有格调、有内涵，还会让别人对自己产生一种亲近之感。

张涛去一家公司面试，在公司的电梯里，他接到了朋友的电话。一看来电者姓名，周涛就发出了一声嗤笑，随即很傲慢地接起了电话，大声说道：“你小子，打电话干嘛，不会是又没钱了吧？小爷最近也在找工作，没钱借你，你就等着喝西北风吧！挂了挂了，小爷马上要面试了。”

说罢，厌恶地骂了一声就走出了电梯，完全没有顾忌到电梯里面其他人的感受。而到面试时，面试官看着周涛说道：“先生，我们公司对员工有很高的要求，而您刚刚在电梯中接电话的态度实在让我感觉不到您是个谈吐文雅的人。所以，不好意思，您不符合我们的要求。但是，还是要感谢您对我们公司的重视。再见。”

就这样，周涛因为自己粗俗的言行失去了这次面试机会。正所谓“非礼勿言”，只有拥有文明的说话习惯才能赢得其他人的欣赏与赞美，赢得发展的机会。

一个谈吐文雅的人，其内在的气质一定会被对方所吸引，进而想要进行更为深层的交往。同样，在面对一个以礼相待，而本身却又风度翩翩的人时，是很难让人说出拒绝的话的。所以，在平日的为人处世中，要注意自己的态度，改变自己的言谈，整理自己的仪态，做一个举止优雅、谈吐不凡的人，这样在改善人际关系的同时，也加强了自身的说服力。

4. 用话题来消除对方的戒心

在说服他人的过程中，想要消除对方的戒心可采用如下方法：

（1）用温馨的话题打动对方。

在《战国策》中，有一篇《触龙说赵太后》的故事：秦国趁赵国政权交替之际大举进攻赵国，迫于危急形势，赵国向齐国求助。而齐国答应帮助赵国的条件是，要赵太后最宠爱的儿子长安君为人质，赵太后因为疼爱长安君拒绝了这一要求，坚决不让长安君作为人质出使齐国，甚至说出："有复言令长安君为质者，老妇必唾其面"的话。当时的情况是，如果赵国不向齐国交出长安君，就很可能被秦国吞并了，也就是说，赵国的存亡就在赵太后的一念之间。为了国家安危，必须有人出面说服赵太后。于是，左师触龙在大家的期望之下，前去面见太后试图说服她。

触龙见到太后，并没有开门见山地说："太后，您把长安君交出来吧。"而是选择先用温馨的话题打动赵太后的方式，然后再说服她交出长安君。所以，他刚见到太后时便说："我的腿脚不太好，没有时常来看您，真是对不住。"赵太后听触龙这样一说，面色稍稍好看了些，她本来想如果触龙也是来劝说自己交出长安君的，一定不会让他好看。接着触龙又说："您现在的饭量怎样？我天天锻炼，吃饭可比以前香多了。"赵太后说："我不行，我每天也就是喝点稀粥。"见太后这样说，触龙便将话题引到了孩子身上："承蒙太后的恩德，我今天冒着死罪前来，请求太后为我的小儿子补上黑衣卫士的名额，让他保卫皇宫。我非常心疼我的小儿子，可是我老了，不可能一辈子照顾他，所以希望他将来能有自立的能力。”赵太后说：“他今年多大了？”触龙答：“15 岁，虽然年纪很小，但我想把他托付给您。”赵太后说：“你们男人也这样宠爱孩子吗？”触龙回道：“男人疼爱孩子可能比女人还厉害呢！”赵太后笑了笑说：“还是女人更疼爱孩子。”触龙说：“我看您疼爱燕后比疼爱长安君更厉害。”赵太后说：“你说得不对，我更疼爱长安君。”触龙说：“父母爱孩子，就要为他们的长远做打算，您嫁燕后时，哭得那样伤心，担心并惦念她嫁到远方。燕后出嫁后，您虽然也很想念她，可是每到祭祀时，您都给她捎信不让她回来，希望她能好好地培育后代，让她的孩子成为国君，您这不就是为她的长远做打算吗？”赵太后点头说：“你说得没错。”

触龙又说：“我觉得您不疼爱长安君。”太后马上说：“瞎说，我更疼爱长安君。”触龙说：“现在长安君有您的庇佑可以安享荣华，但您不在了以后他怎么办，他凭什么在赵国立住脚根呢？如果您能趁着现在国家需要长安君的时候，让他为国家做出一些贡献，以后才好富贵啊！所以我说您替长安君着想没有替燕后想得长远啊！”听了触龙的这番话后，赵太后把长安君交给了触龙：“您看着办吧。”于是，长安君被送到了齐国，齐国才出兵帮助赵国。

触龙在说服太后之前，先是以情打动太后，用生活中很温馨的一面去化解太后的戒备之心，再将赵太后的戒备之心解除后，两个人才心平气和地进行对话，并从中找到切入点——孩子，创造出说服的契机。如果触龙不是采取这样的方式，而是直接进行说服的话，可能三言两语之间，就被太后拒之千里之外了。

触龙先从自己的脚说起，再从自己的饮食方面说起，推己及人。面对触龙的关心，同时有着同病相怜的感受，使赵太后的内心被触动。

接着触龙以闲话家常的方式谈起了孩子，话题进入不着一丝痕迹，但却起着至关重要的作用。因为稍后触龙就会和赵太后谈及长安君，而年迈的触龙请求赵太后安排自己孩子的未来也显得非常自然，应该说触龙所说的前三个话题都切入到了赵太后的心里，所以在稍后的说服过程中，赵太后才能以平静的心情认真听触龙为她分析利弊，从而使说服变得更加顺利。

可见，在试图说服他人的过程中，当对方听不进你的建议时，穷追猛打是绝对不可取的，而找一个温馨的、可以避开他锋芒的话题去打动对方，明修栈道暗度陈仓，就会让接下来的说服变得顺利起来。因为人都会对满足自己的情感以及心理的人萌发出好感，而在说服中，这点好感往往非常关键，它很可能产生“扭转乾坤”的作用。

（2）用趣味的话题感染对方。

著名黑人律师约翰·马克要进行一个名为《解放黑人奴隶》的演讲，但听众大多都是白人，而且这些白人对黑人抱有一定的成见。为了使演讲获得预期效果，约翰·马克没有像平常一样直接进行演讲，而是先以一种自嘲的幽默方式说道：“我今天的演讲主要是为了给这里增添点色彩。”观众们看着他黝黑的皮肤都不由得大笑起来，这样一来，气氛果然融洽了很多。由于在接下来的演讲中没有人向约翰·马克发难，所以演讲取得了成功。

在面对尴尬局面或有一定难度的说服时，一个幽默的话题或者一段自嘲对于打开新局面，都具有非常好的效果。幽默有趣的话题能够制造愉快的谈话氛围，增加对话的情趣。生活中，难免遭遇尴尬，被他人刁难、误会，而无论在什么情况下，幽默都是最好的化解方法。

生活中，每个人都会遇到他人有求于自己的时候，无论这个请求合理或者过分，人们都不可能完全地满足他人的所有要求，这就需要人们学会巧妙地拒绝。而在拒绝他人时，人们同样可以通过幽默有趣的言语来化解这份尴尬，让他人在被拒绝后依然能感觉到你的真诚，从而毫无怨言地接受你的拒绝。而当你向他人提出建议时，也意味着你们之间的观念是相左的，这时如果直接去否定对方的观点，很可能会伤害到他的自尊心，使他产生不快。而如果你用充满趣味性的话语向他提出建议，不仅委婉地照顾到了对方的情绪，还能让对方在愉悦的心情下，认真去思考你所提出的建议。同时，由于你恰当的表达方式，还会赢得他人的尊重与好感。

那么，怎样让自己的言语更具有趣味性呢？可以多看看新闻，时常浏览一些幽默笑话和网站，留心观看具有娱乐性、趣味性的小品与相声视频，这些都可以使你的话题提升或保持新奇有趣。在说服他人的过程中，你的话题引起了对方的兴趣，或者让对方会心地笑了，那这样的说服离成功也就不远了。

（3）用共同的话题拉拢对方。

在一堂哲学公共课上，老教授非常欣喜地发现，有一个新同学对哲学课很感兴趣，总是不停地向自己提出问题，这让他感到自己和这个学生非常有共同话题，也让他觉得自己的哲学课终于有点人气了，所以感到很欣慰。交流得多了，教授对这个学生产生了浓厚的兴趣，而且他越来越觉得，这个学生不像一个在校生。于是有一天，老教授问道：“你是干什么的？看你不像是一个纯粹的学生嘛。”此人回答道：“是的，我是一个保险销售人员，我非常喜欢您的课，所以总是过来蹭课。”教授原来以为销售人员都是很爱说且不靠谱的人，所以他一直不喜欢这些人。但这个人却让他对销售员的印象有了很大改观。后来，老教授与销售员的交流越来越深入，而销售员还借着学术交流的理由来到了老教授的家，两人还逐渐成了好朋友。所以在销售员第一次向老教授推荐保险时，老教授马上购买了。销售员在临走时自言自语道：“哲学课上完了，该上经济课了。”

看完这个故事后，虽然让我们有种哭笑不得的感觉，但从说服这个角度来讲，这个销售员无疑是成功的。销售员首先用共同的话题——哲学来赢得老教授的好感，从而降低老教授的心理防线，使最后的销售得以顺利进行。可见，想要真正打开对方的心扉，让彼此的交流变得更加深入，有一个共同的话题无疑会使这份工作变得更加简单。

在说服他人时，仅仅依靠能言善辩的口才，是说服不了对方的。因为巧辩不如攻心，即我们要想说服一个人，单靠嘴皮子是不行的，还必须要用心。只有站在对方的立场上，设身处地地为对方考虑，将心比心，以心交心，才能明白对方的所思所想，才能真正的了解对方的心，从而牢牢地抓住对方，实现精准快速的说服目的。

Chapter13

说服本质，
攻心让对方心服口服

人与人之间的性格和心理都是不一样的，因此面对不同的人，我们要利用不同的方法来激发他们，说服他们。这样的过程将会极为复杂，会将说服的难度加大，所以我们应该找一个说服任何人可以通用的方法，而这个方法就是攻心，即进行心理说服。

不同的人，他们的心理也是各不相同的。每个人都有自己的一把锁，完全的独一无二。因此，如果我们想要说服某人，就必须打开属于他的那把锁，这就必须找到专属于这把锁的钥匙。这样，才能成功地打开对方的心理之门。

只有明白对方的心，才谈得上攻心。心理这种东西是非常玄妙难懂的，让人捉摸不透。但是，它在适当的方法下又会变得非常简单，只要我们做到将心比心，就能明白对方的心理，了解对方在想些什么，需要的又是什么，只要我们了解了这些，那么要想说服他人就会变得非常简单，而且说服的过程也会更加顺利。

1. 话随人异：到什么山头唱什么歌

在生活当中，只有学会到什么地方唱什么歌，才能快速地融入这个地方的氛围当中。同样，如果我们要说服某人，必须要清楚对方的喜好，用对方喜欢的语言去说服他们，这样说服过程就会更容易、更顺利。

灵活地做事和交谈，不但是说服艺术，还是生活艺术。学会这种处世方法，对一个人能否赢得良好的人际关系来说至关重要。而这个方法的核心就是变通，就是“见人说人话，见鬼说鬼话”。

真正的说服高手，不会时时刻刻都将自己表现得十分健谈，他们首先会分清自己的说服对象，再根据说服对象的性格特点、兴趣爱好等方面适度地表达自己。简单来说，就是根据说服对象决定自己的谈话内容，而最重要的就是要用对方喜欢的方式表达出对方感兴趣的内容。

一个人即使说得天花乱坠，但是别人不喜欢听，那说得再多也是白费。

因此，在与人交谈时，如果想要成功地说服对方，那么不仅仅是你说话的内容能够清晰地表达出你的态度和想法就够了，还要看对方喜不喜欢，接不接受。如果说话内容与对方的身份、兴趣不符，甚至是对方完全听不明白，就算你说得再好，对方也不会接受。所以，你首先要做的不是想法设法地让自己的谈话内容更丰富，而是要清楚你的说服对象是谁。

所谓“见人说人话，见鬼说鬼话”，其实就是在你和别人交流的时候，要尽量地使用对方听得懂的、认同的语言，并说对方喜欢和感兴趣的内容，这样才可以赢得对方的信任与好感，才能距离成功说服对方更近一些。

当然，对于自己熟悉的人，像亲人、朋友等，我们已经十分清楚对方的行为习惯，因此谈话可能会更容易一些，更容易做到话随人异。但是，对于刚认识的人来说，想要直接了解对方的兴趣和喜好就比较困难了。特别是对方的身份、习惯、文化层次等，必须通过谈话才能了解清楚。

而这个时候，就不能急于表达自己，要先听对方说。从对方的话语中，判断出对方的行为习惯，兴趣爱好等特点。然后在此基础上，再与对方进行谈话，这样才能说出对方不会拒绝的话。

通常，“话随人异”一定要在这样的情况下才可以进行：首先，了解清楚对方的身份、职业、文化修养、兴趣爱好、行为习惯，等等；其次，要根据对方的心情和情绪说话；还有就是要看自己与对方的关系。比如，当你跟你的上司交谈时，态度一定要好，要做到尊敬、诚恳，不随意打断对方，并且回答问题时要简明干练；而当你跟你的学生交谈时，一定要和蔼可亲、庄重有礼，不能表现出一副高高在上的姿态；当你在跟一个处在失恋状态的人交谈时，一定不能过于兴奋；如果你的交谈对象十分高兴，那么你一定不要说让对方扫兴的话。

因此，在说服别人的过程当中，要懂得灵活应变。对什么人说什么话，不仅能表现出你很好的素质和修养，同时还可以让对方感受到你对他的尊重以及真诚。但是，无论任何事情，都不能做得太过，见什么人说什么话，谈话的本意一定要是善意的，如果表现得过分了，就会让对方反感，甚至是厌恶。这样就有可能导致说服失败。

俗话说得好，“到什么山头唱什么歌”。这是沟通交流中的至理名言。不同的人，因为性格习惯的差别，所以他们的沟通方式和风格也会大不相同。如果我们灵活多变地去与人沟通交流，他们就会感觉很自然、很温暖，谈话自然就会非常顺利。反之，如果我们不关心、不尊重对方的喜好习惯，我行我素，那么彼此之间就很难聊到一起，而且都会看对方不顺眼，这样就很难说服成功。

有句话叫作“物以类聚，人以群分”，所以你要想成功地说服别人、影响别人，就必须融入对方的世界里，根据对方的风格和习惯进行沟通和交流。如果对方是屌丝，那么你就要走下里巴人的路线；如果对方是文化人，那么你就要走阳春白雪的路线。

总之，你将自己转变得越全面，与对方的风格和习惯越接近，对方对你的认同感和信任感就会越强烈。这样你接近对方，说服对方，就会变得非常容易。

红楼梦里，八面玲珑的王熙凤就是一个很好的例子。在林黛玉初进贾府的时候，王熙凤就当着大家的面将林黛玉夸奖了一番。这看似轻松，事实上是费尽心机的。书中是这样描述的：“天下真有这样标致的人物，我今儿才算见了。况且，这通身的气派，竟不像老祖宗的外孙女，竟是个嫡亲的孙女。”

这话说得绝对是漂亮，一上来就把林黛玉捧到了天上，当时林黛玉才十二三岁，听到这样的话，简直就是心花怒放。而王熙凤在夸赞林黛玉的同时，也没有忘记贾府的四朵金花，说林黛玉的气质，和贾老夫人的亲孙女都不相上下，这让贾府的人听了也都十分舒坦，心里都特高兴。

可见，要想在说服的过程中，赢得他人的认同，必须在情感上获得别人的认可。这样，对方才可能接受你，才可能接受你提出的意见或观点。而要想得到别人的认同，就必须做到“见人说人话，见鬼说鬼话”，利用他人喜欢的方式进行谈话，这样更容易说服他们。

如果在说服别人的过程中，你不能依照对方的喜好和兴趣来选定谈话的内容，对方就很有可能不听你的劝告，导致说服失败。说服人有很多种方式以及各种各样的方法，但是都必须是以对方喜欢的方式和内容来进行，要不然只会起到相反的作用，最终导致功败垂成。

因此，在打“说服战”的时候，必须做到“到什么山头唱什么歌”，必须要懂得“见人说人话，见鬼说鬼话”，这样才能保证“说服战”的成功率。

2. 打赢“说服战”的关键是“服”不是“说”

在我们的生活和工作中，有效的沟通和交流基本上可以解决任何事情。一个人如果想要成功地让他人接受自己的建议或观点，那么他就必须会说话，这样才能保证沟通没有障碍，才能最大限度地让人接受自己的观点。但是，到底什么样的表达或者内容，才能算作是会说话呢?

在很多人看来，善于讲话的人必然是像诸葛亮一样能言善辩，即是可以“舌战群儒”的角色，一讲起话来，就犹如黄河之水一样连绵不绝，将人辩得羞愧而退。事实上，这样的观点是片面的。巧辩远远比不上攻心可以让人对你观点的认同感更加深刻。因为要想说服别人，仅仅依靠巧舌如簧的口才是远远不够的，还需要用心。

在打“说服战”时，最重要的是要对方“服”，并不是“说”，

“说”的重点就是要将对方说得心悦诚服，这样你才能把握好“说服战”的节奏，才能掌握打赢“说服战”最关键的方法和技巧。

因此，只有你说出的话能让人心服口服了，才可以说是会说话。

说服他人，必须用心。只有站在对方的立场上，将心比心，明白对方的心思之后，才能牢牢地抓住对方的心，才能以最快的速度说服对方。

只有知道对方的所思所想，才能达到本其意攻其心的目的。在很多人看来，人心不容易被猜透。事实上，只要我们能做到将心比心，就能够非常容易地了解到对方的心理在想什么，需求的又是什么，这样就会让说服过程变得非常简单。

在跟其他人进行沟通和交流时，我们都希望可以让别人听从我们的观点，因此，在很多时间里，我们都是在不遗余力地“表现”自己，企图让自己的谈话内容更加丰富多彩，让人更容易接受。但是，我们一定不能忘记了重点是什么，不能只想着让语言优美丰富，而将可以使人产生信服的内容抛在脑后。

在我们的现实生活中，口才好的人大有人在，他们对任何人讲话都可以不知疲倦地说下去，但是却不能成功地说服他人。这是什么原因所致呢？因为他们将说服两字拆开来说了，分成了“说”和“服”，他们重视的是“说”，却将“服”给完全忽略掉了。

世界上任何事物都没有完全相同的，就连雪花也都是形态各异，更何况身具高等智慧的人。任何人都有各自的特点，他们的需求也都是各不相同的。一个人生哲理，放在这个人身上适用，但放在另一人身上却未必合适。钥匙的外形都差不多，但它仅仅只可以打开与它相对应的那把锁。因此，想要成功地说服别人，那你就必须了解说服的要点，要将话说进对方的心里，让对方打心眼里认同你的观点。这就要求你一定要做到“说”和“服”不分家。“说”是外在的、有形的，而“服”却是内在的、传神的，因此，“服”才是打赢“说服战”的关键所在。

在第二次世界大战期间，有一个国家专门为士兵们推出了一种保险。保险规定，如果士兵在每个月当中都可以交给保险公司10元充当保险金，那么有一天这个士兵牺牲了，他的亲人就可以得到10万元的赔偿金。部队的高层都认为这样能为士兵们免去他们发生意外后的抚恤问题，士兵们一定会抢着购买。

因此，部队的高层下达了一条命令，让各级军官对士兵们讲解这种保险所带来的好处，鼓励大家踊跃购买。但所取到的效果却大大地出乎了部队高层的意料之外。

这种保险在部队内部传开之后，军官们竭尽所能地对士兵们进行讲解，告诉他们这种保险的种种好处，但最后购买这种保险的士兵却没有几个。出现了这样的情况，让部队高层十分费解。

通过详细调查之后，他们才了解了其中的关键所在。士兵们的观点都十分简单，那就是在缴纳保险金之后，如果他们顺利地从战场上下来，那么每月交纳的保险金无疑就是白费了；如果他们运气不好，牺牲在了战场上，那么这10万元完全就没有了用处。

因此，很多人认为，于其浪费钱财做这种毫无意义的事情，还不如用这钱买包烟抽、买点酒喝来得爽快。战场的情况瞬息万变，谁也不能确定自己有没有机会支撑到最后，没准哪天想喝酒和抽烟了，却再也没有机会了。而这些就是士兵们内心最真实的想法。

明白了事情的前因后果，为了保证士兵们可以得到最大的利益，为了让他们自愿购买保险，部队高层专门从外面请来了一位非常厉害的谈判高手。

这位谈判高手没有滔滔不绝地讲一些长篇大论的大道理，只是对着广大士兵们犹如聊天似的简单说了几句："伟大的战士们，你们清楚保险对你们来说的意义吗？你们了解保险对你们会起到什么样的作用吗？比如，你们购买保险之后，假如你们不走运，在战场上光荣牺牲了，那么你们的家人将会得到10万元的赔偿金；如果你们没有购买保险，照样不走运，牺牲在了战场上，那么你们的家人只能得到政府给予的少得可怜的几千元钱的赔偿金。你们设想一下，部队愿意派遣那些牺牲之后，仅仅赔偿几千元钱就可以了事的士兵打头阵呢，还是愿意派遣那些牺牲之后，却需要承担巨额赔款的士兵打头阵呢？其中的道理，我想大家都很清楚，就算我不说什么，大家也是明白的。"

这位谈判高手的讲话内容很简洁，但是却说到了大多数士兵的心里。于是，士兵们开始一批批地购买保险。

部队军官们好说歹说，费尽口舌，自愿投保的士兵却是寥寥无几；而谈判高手如此简单的几句话却使得大多数士兵都改变了初衷，纷纷购买保险，这是为什么呢？

原因很简单，就是因为谈判高手所说的话让士兵们口服心也服。上战场的先后顺序，往往会决定着士兵们是否可以占据更优势的战争条件，自然生还的几率也就会变得大不一样。而士兵们最在意的事情就是如何才能在战争中保护自己，让自己更好地活下去，最后平安地回家与亲人团聚。谈判高手就是牢牢地抓住了这一点，才能成功地说服士兵，让他们认识到，付出10元钱，得到的不仅仅是巨额赔款，更是平安归来的机会。

这就是谈判高手睿智的一面，他之所以能说服士兵投保，就是因为他真正地摸清了说服技巧中的规律和精髓。

其实，在任何时候，说服他人最重要的都是"服"而不是"说"。如果我们将重点放在了"说"的上面，那么我们面临的将会是失败、失败、再失败，永远也无法明白说服之道的精髓所在，只能是在“说服战”上一败涂地。

因此，要想漂亮地打赢“说服战”，就必须将重点放在“服”上，以“说”为辅，这样才能保证你在“说服战”中战无不胜。

3. 欲擒故纵，说服对方时先肯定对方

大多数药是苦的，但由于这些药的表层往往包裹着一层糖衣，所以这些药很容易使人下咽。同样的，在说服别人的过程中，先赞同对方的观点，让对方尝到甜头，这样对方就会放下防备，从而使说服顺利进行下去。

通常，人们在听到“说服”的时候，都会感觉是一方打败另一方，而失败的感觉绝对是没有任何人会喜欢的，换言之，没有任何人希望自己被说服，就算自己不占理，但依然如此。因此，在很多时候，直接和对方讲大道理，很难成功地说服对方，就算对方最后嘴上服了，但心里肯定还是不服的。

这个时候，我们就应该采取迂回战术，不能用直接的、理直气壮的方式来说服对方。在说服对方的过程中，先肯定对方，在对方心情愉悦之后，再加以说服，这样就会起到事半功倍的效果。

在我们说服别人的过程中，如果发现对方产生反感时，我们应该先让对方放松一下心情，缓和一下气氛，以便消除对方的防备，这样才能使谈话顺利进行下去。

用一个成语来形容这样的方法就是“欲擒故纵”。这样的方法可

以让我们得到对方的信任和认同，在我们得到对方的支持之后，便可以趁热打铁，提出自己的观点。这样，对方才更有可能和我们在意见上保持一致看法。因此，这样的谈话技巧适用于害怕被对方拒绝的时候，并且在对方拒绝之后照样有效。

有一次，知名足球评论人黄健翔对荷兰的球星古利特进行一场专访。在刚接触古利特的时候，古利特对黄健翔说道："非常抱歉，我从来不接受记者的采访。"这就导致谈话场面变得十分尴尬，使得黄健翔进退不得。就在古利特想要起身离去的时候，黄健翔突然说了一句："不好意思，我想您是误会了，我这次并不是来采访您的。"

这一招就是典型的"欲擒故纵"，立马就将古利特的兴趣带动了起来，同时也使得自己的这次采访计划不至于中途破产。

然后，黄健翔简单地说道："我这次来，是专门向您送上最美好的祝愿的，并且为您带来了很多来自中国的信件，这些都是喜欢您的中国球迷写的，千言万语都汇聚成了一句话：'祝您一切顺利。'"

古利特听到后非常感动，他说："中国的广大球迷实在是太让我感动了。"

黄健翔看到这样的情形，便知道谈话可以继续下去了，于是接着说道："既然如此，我可不可以代表中国的广大球迷，问您几个问题？"

古利特还沉浸在感动之中，因此没有任何犹豫就答应了。

黄健翔在遭到拒绝之后，十分巧妙地跳过古利特不愿意说的话题，而是通过中国球迷的身份，争取到了与对方说话的机会，让谈话可以顺利地进行下去，最后抓准时机，成功地达到了自己的目的。

很多时候，在说服别人时，被对方拒绝会相当尴尬，这样就会导致接下来的话题无法再顺利地进行下去，让对方接受自己的观点也变得更加困难。因此，此时说服他人最好的办法就是“欲擒故纵”——以对方的角度考虑问题，赞同对方的观点，还可以跳过刚才谈论的内容，达到缓和气氛的目的，在对方的戒备心理消除之后，我们就可以相机行事，最终达到说服对方的目的。

汪洋和叶静是一对处在热恋之中的恋人，有时候也会因为一些小事而发生口角。前段时间，两人又因为一件小事吵了一架，后来就开始冷战。

过了一段时间，叶静由于忍受不了这种折磨，就想着给汪洋打一个电话，看看他在干什么。可是，她却不知道应该怎么开口，犹豫再三，她还是拨通了汪洋的电话，找了一个不算理由的理由：“我有一个文件落在你那里了，我现在有急用，你可以给我送过来吗？”

汪洋接到叶静打来的电话，心里乐开了花，但是却装着咳嗽了几下，虚弱地说道：“可以是可以，但是我现在病了，浑身无力啊。”

叶静听到这话之后，立马紧张了起来，因为吵架不高兴的心情瞬间消失，满心担心地急忙问道：“你怎么样？去医院了吗？”

汪洋在听到这样的话之后，就知道叶静还是十分关心自己的，于是便说道：“上次的事情是我不好，不应该那样说你，可以原谅我吗？”

“嗯，我原谅你了。你到底怎么样了？到底严不严重啊？”

“只要你原谅我了，我立马就好了。我是得相思病了。”

就这样，两人的矛盾消除，结束了冷战，变得更加甜蜜。

在吵架之后，汪洋接到恋人的电话当然是值得高兴的事情，但是，汪洋却不知道对方的真实态度，不知道对方还有没有在生气，更不知道如果自己主动认错对方会不会原谅他，因此便使用了“欲擒故纵”

的谈话技巧。在确定对方在乎自己，并且会原谅自己的时候，才说出事情的真相，说服了对方，实现了自己的目的。

但是，“欲擒故纵”说服方式的运用还要注意细节，要懂得察言观色，这样才能更好地让对方接受你的观点。如果你在说服他人的过程中，将主题带偏了，并且偏得很离谱，以至于最后自己都没有办法回来了，那么为说服对方而进行的谈话就变得没有任何意义了。还有就是，你在说服别人的过程中，表现得过于急躁，没有耐心，别人就会觉得你是在搪塞他，并不是真心地和他交谈，这样就会导致说服的失败。

在很多时候，因为各种各样的论点，可能会造成说服者的脾气有些急躁，在被对方拒绝之后，感到十分不舒服，就会同对方理论，以至于最后争执不下。但这个时候，照样可以使用“欲擒故纵”的谈话技巧，这也算是“亡羊补牢，犹未晚也”。

所以，在说服别人的过程当中，察言观色非常重要，可以说是关乎“欲擒故纵”技巧的成败。在谈话过程中，要在对方的言语中“听”出对方的真实想法和各种情绪，从而准确地判断出对方的行为习惯和兴趣爱好。这样，就可以更好地把握机会，增加成功说服别人的可能性。

4. 态度诚恳，别人才会觉得你言之有理

在生活当中，很多时候，想要真正地打动一个人，仅仅靠能言善辩的口才是行不通的，还必须要有诚恳的态度。可以说，只有用真情

实感去感动对方，才能使其心服口服。正所谓“精诚所至，金石为开”，态度诚恳了，裂金开石都不在话下，就更不用说是人心了。

显然，说服别人接受自己的观点，拥有超强的口才也不一定有用，最关键的还要看你对待这件事情的诚意。语言其实就是我们内心想法的真实体现。如果在说服别人时我们心中只想着让对方接受我们的观点，而并不考虑这样的观点对对方是有利还是不利，那么在这种情况下，根本不会有任何人会接受我们的观点，因为我们只在为自己考虑，而没有顾虑到别人的感受，这样便不可能说服任何人。如果我们可以从他人的角度出发，真正地为对方考虑，思考对方的得失，这样，我们的言谈举止才会是诚恳的，我们的观点才能打动对方，最终成功地说服对方。

诚恳的态度就好比是你自己的“明信片”，你的形象全部都表现在了这上面。在你态度诚恳的时候，你说出的任何话，别人都会觉得很有道理。

诚恳的态度其实就是在向对方“说”你的诚意，很多时候，它比谈话的内容或者说服者的说服技巧更容易让人接纳。如果你可以在任何情况下都保持诚恳的态度，那么你将会得到很多人的信任与好感。

在我们的日常生活中，假如我们在向他人道歉的时候心不在焉、缺乏诚意，这样的道歉无疑是一种敷衍。这样对方就不会接受你的道歉。

同样的事情，同样的道理，你说话态度的诚恳与否，将决定着事情的成败。你诚恳，别人就会信服你，接受你的观点；你不诚恳，别人就会觉得你是在无理取闹，没事找事，便会防备你，让你的说服失败。

当我们态度诚恳地寻求他人帮助的时候，别人必然会伸出援助之手。因为我们的诚恳，让别人感受到了重视与关注，从而对我们产生好感和信任，进而对我们出手相助。

诚恳的态度比世界上最美的语言和赞美都要来的实际，它更容易让人接受并产生好感。但是，我们不用搞得太复杂，不用拘泥于各种各样的礼仪。在说服别人的过程中，我们的谈话内容和主题以对方的兴趣和爱好来制定，就可以赢得对方的好感和信任，从而成功地说服对方。

但是，要如何做才能让自己的态度显得诚恳呢？关键的就是保证自己心意的诚恳。这就是说要表里如一，心里想的与嘴上说的要保持一致，这样就能保证自己说出的都是实话，不存在任何的欺骗，从而给人这样一种感觉：你是个言行一致的人，别人对你有了这种感觉便会信任你，从而增加你说服对方的成功几率。

其实，在我们日常看的电视剧中，一些优秀的演员表演得都非常“诚恳”，因为只有这样他们才能真正地投入进去，将戏中的人物演绎得更加丰满，更像一个有血有肉的人，而不是剧中的一个角色，从而得到观众的认可与追捧。而没有“诚恳”的表演，就变得哭不像哭，笑不像笑，给观众一种不伦不类的感觉。

真正的伤痛，就算不哭泣，也能让人感觉肝肠寸断；真正的欢乐，就算没有笑声，也能让人感觉轻松愉悦；真正的气愤，就算不言语，也能让人感觉怒火无尽。

因此，虽然诚恳深藏在我们心中，但可以以表情的方式表现出来。如果我们在说服别人的过程中，想要使用我们的诚恳来打动对方，让对方相信我们，那么我们只需要将真实的自己展现出来，有什么说什么即可。保持真实、自然的态度，表达出自己内心深处的情感，这样就很容易让人信服，得到对方的好感，打赢“说服战”。

在电视剧《裸婚时代》中，有这样一段：刘易阳和童佳倩相知相爱，但童母却不同意他俩在一起，非要拆散他们。于是，刘易阳就上门说服童母。他是这样说的："阿姨，天下的父母没有不心疼自己孩子的，您的心情我完全可以理解，您是怕佳倩受委屈。但是，要是我们被您棒打鸳鸯了，那才是真委屈呢。有些话说了也许会惹您生气，但我还是要说。我明白，您就是觉得我不够好，没钱、没车，还没房，在生活上满足不了她的众多需求。我现在是什么都没有，但这不代表我以后还是这样啊！您觉得我们还小，不懂得什么是爱情，也就是嘴上说说而已，又不能填饱肚子。但是，我认为在我们这儿肯定能。

"我们俩在一起八年了，在上学的时候，我就非常喜欢佳倩，有任何好东西，我首先想到的就是她。我每天上学的时候，都会多骑很远的路程，赶到你们这，就是为了看看她。我们上大学之后，每周的生活费，我都攒着，就是为了每周都能带着佳倩去吃顿好的，看场电影。那时候，我就想很多方法来消除自己的饥饿感。后来听说抽烟能感觉不到饥饿，我就学抽烟。好的买不起，我就抽次的，次的也没有了，我就找烟头，烟头最后也找不到了，我就睡觉。因为睡着了，我就不知道饿了。大学毕业之后，我竭尽所能找那些工资高的工作，以便可以早些买房买车，光明正大地迎娶佳倩。但是我拼命地工作，在急速上涨的房价面前我也只有干瞪眼的份儿。阿姨，我们家是没什么钱，没有你们家条件好，但是佳倩嫁到我们家后，我爸妈肯定会把她当亲闺女一样对待。如果这样，您还不满意，那我们结婚后，在您同意的情况下，我就在您这住。佳倩在哪儿，我就在哪儿。"

刘易阳说话的态度可谓是诚恳至极，就算瞧不上他的童母，听完之后也感动得一塌糊涂。虽然每句话都很平常，但却胜在真实，完全是发自肺腑的，将刘易阳对童佳倩的爱表现得淋漓尽致。因此，虽然过程曲折，但最终他还是说服了童母，认可了他们俩。

让人感觉言之有理的语言，并不见得内容一定是天花乱坠，也不见得你必须能言善辩，最关键的就是看你的说话态度是否诚恳，你在陈述自己想法和观点的时候是否真实和诚恳。通常，说服能力强的人，是可以将自己的那份真诚尽数表达出来的人。

在说服别人时，如果你用诚恳的话语表达出自己的真实想法和观点，那么你就会赢得对方的信任，就可以将话题深入，从而更全面地去了解对方，进而说服对方。

5. 顾全他人面子，给对方台阶下

说服之道是一门艺术，而最高明的说服艺术，就是在他人接受我们观点的同时，也无损对方的面子。要让对方认为我们是在和他商量，而不是将我们自己的想法强加给他。

我们在面对别人的错误时，一定要大度一些，给对方留点面子。要知道，给人方便，也就是给自己方便。俗话说“善待别人，就是善待自己”，所以，任何事情都不能表现得咄咄逼人，就算是对方的错，也要懂得给予宽容。

在日常生活中，很多人都会为了些许小事而斤斤计较、得理不饶人。其实，这样的做法实属不智，或许在表面上看来暂时取得了胜利，但是失去的却往往更多。

实际上，人与人之间的交往，和在山谷间说话的回音是一样的，你发出的声音什么样，听到的回音就会是什么样的。同理，你待人和善，别人就会待你和善；你敬重别人，别人就会敬重你。反之，如果你得理不饶人，不给别人台阶下，那么在你做错事情的时候，别人也就不会谅解你。

任何人都有犯错的时候，在别人犯错时，我们要有容人之量，不要去斤斤计较，要大度地原谅别人所犯的过失，这样，在我们说服别人的时候，他们才会认可我们的意见或建议，我们的朋友才会越来越多。

所谓“人要脸，树要皮”，现在的人们，对尊重感的需求越来越强烈。如果有人将你的观点或想法说得一文不值，那么你就会觉得别人落了你的面子，你就不会接受他人所提出的意见。同样，很多人都是这样认为的。

在生活中，往往会出现这样的情况，别人对你越是尊重，越是站在你的立场考虑问题，你也会对别人非常重视，并且愿意听取他们的意见。反之，如果对方不尊重你，只为他自己考虑，那么你也就不会尊重对方，就算对方说得都对，但你还是不愿意听从对方的意见。

因此，要想说服别人，并不一定要唇枪舌剑，或者是得理不饶人，更不能让对方毫无面子。说服别人最重要的就是让人开心地接受你的意见，让对方心悦诚服，丝毫没有颜面扫地的感觉。

让对方心悦诚服，仅凭出众的口才和清晰的论证是远远不够的，还必须懂得尊重和宽容他人，在驳倒对方的同时，又保留了对方的颜面，这样别人才会投桃报李，欣然接受你的意见或建议。

在工作或者生活中，如果有人冒犯了你，你非常不舒服，那也应该点到为止，尽量为对方保留面子，做到得理不得寸进尺。其实，这并不是一件多么困难的事情，我们应该将之当成一种习惯。这样，我们就会发现生活处处有美好，而在我们做错事，有了过失的时候，别人才会原谅我们，才会给予我们宽容，我们才可以更容易走出困境。

世界著名的思想学家培根曾经说过：“在与人交谈时，语言的含蓄得体，比舌绽莲花更重要。”在现实生活中，很多人说话都是口无遮拦，不能含蓄地表达自己的想法，这样就很容易在言语上冒犯别人，惹别人厌烦。而懂得委婉地表达自己想法的人，就会让人感觉特别温和，让人生出对你的亲近之感。一个说服高手，通常都会掌握多种灵活的表达方式，都懂得用含蓄、委婉的语言来维护对方的面子。

含蓄的表达方式是一种非常高明的说服技巧。这种说服技巧会使人用婉转的方式，从侧面表达出自己的真实意思，而不是直截了当地说出实情，让对方尴尬不已。通常，懂得使用含蓄的表达方式的人能更顺利地说服对方听取自己的观点和意见。

但是，在日常生活中，总是有很多人认为直截了当地表达会显得更真诚，因此他们在与人谈话时，根本就不会为对方考虑，只要自己喜欢，想说就说，最后冒犯到别人还觉得自己不是故意的。在为人方面，你可以“无心”，但在处事方面，却不能“无心”。如果我们做事情时不懂得“三思而后行”，总是在不经意间伤害对方，就会导致双方感情破裂，再也回不到从前。

虽然在很多时候，很多场合下，人们都说喜欢坦率、直接的人，但是，没有人愿意受到伤害，尤其是被“无心’的真话伤害，因为这样的伤害最让人难受，反驳不是不反驳也不是，让人左右为难，尴尬不已。所以，在与人交谈的时候，一定不能言辞太过锋利，应该言辞藏锋，就算对方不对，也要含蓄地说出来，为对方留一些颜面。这样，才能保证双方的情谊不受损害，也更容易让人信服。

李波是一家公司的骨干员工，工作非常认真。一次，他们公司接到一个项目，他们的项目经理就将这个任务交给了李波，让他尽快做出一个详细的计划方案。李波本着负责任的态度，利用整整两天两夜的时间，赶制出了计划方案，然后就迫不及待地将这个方案交到了他们项目经理的手里。但他没有想到的是，项目经理仅仅稍微浏览了一下，就将计划方案书扔给了李波，并一脸不耐烦地说道："你确定你做的这是方案吗？我怎么看都像是信口胡诌。错误一大堆。赶紧拿回去重新做，要在最短的时间内做出来。"

李波听完项目经理的话，顿时一肚子火，但是他还是耐心地问道："到底是哪些地方有问题呢？您给我指出来，我好进行修改。"

谁知项目经理瞥了李波一眼，大声呵斥道："哪些地方？这都看不出来吗？还是骨干呢，自己想去。真是笨得够可以的！"

李波一听到这话，火气再也压制不住，顿时冒了出来——他将方案书砸在了桌子上，并且非常生气地喊道："对！我是笨，你聪明你想啊！"

于是，两人争执不下，越吵越厉害。最终，公司的老总知道了这件事情，将李波的计划方案书要了过来，认认真真地将方案书看了一遍，然后用笔在上面勾勾画画，最后交到了李波的手里，并对他说道："你设计的方案思路非常正确，主要方面也很突出，创意十分新颖，非要说不足，那就是对细节的把握不是很好，我已经给你标注了。还有一点就是，你在受到你们经理批评后，竟然闹情绪直接不干了，这样的行为是很不好的，你可是骨干员工，必须要拿出相应的气度来才行。你也忙活了两天两夜了，已经够累的了，所以先回家休息一下，然后将我给你标注出来的几处地方认真修改一下。"

老总所说的话，让李波非常感动，心里暖暖的，便立马承认了自己的错误，也没有听从老总的意见回家休息，而是马不停蹄地将老总勾画的地方进行了详细修改。改完之后，他将计划方案书交给了老总，最后被公司全盘采用。

任何人都有自尊心，因此我们在与人交谈的时候，要充分地认识到这一点，维护对方的面子。有很多事情，看明白了却不能直接说明白，必须采用委婉的表达方式进行暗示，从侧面提醒对方，这样既可以维护对方的尊严，又可以让对方看到你的气度和态度，从而使你赢得对方的好感和信任。

使用婉转的说服方式，就是为了让对方听得舒服，这样对方才会听进去。因此，在与人沟通时，必须控制自己的情绪，懂得含蓄地表达不方便明说的语言，这样对方才能感受到我们对他的尊重。

总之，在说服他人时，只有懂得顾全他人的面子，给对方台阶下，才能得到他人的认可，从而成功地说服他人。

Chapter 14

气场优势，是说服他人的“有力助手”

气场是一个人本身所具有的内在气质散发而出对他人产生的影响。菲尔博士曾对气场做出过这样的解释：“气场是一种吸引力，或者可以称之为魔力，就像是具备了神秘力量的魔咒，让人们的目光总是不由自主地被其所吸引，不论此刻你在做什么，你的一颦一笑、一举一动都是那样受人关注。”

一个气场强大的人就像一个巨大的磁场，释放出让人无法拒绝、无法离开的能量，吸引着人们的注意力。亦舒曾这样描述林青霞：美成那样，还不自知。这固然赞扬了林青霞无与伦比的美貌，另一方面也是对林青霞本身气场的一个肯定。

当下，在形容一个人非常美丽与迷人时，常常会用到“气场”这个词。女王气场的范冰冰、魔魅气场的安吉丽娜·朱莉、知性优雅气场的巩俐……人们为她们的美丽所倾倒，被她们周身散发而出的魅力所征服。这就是气场，神奇而强大，它能够使一个人在人群中耀眼夺目，可以让其在人群中脱颖而出。人们会不自觉地亲近他，喜爱他，他就像一块巨大的磁石，让人们无法离开。

所以从某种角度来讲，一个人的气场在一定程度上决定了他的人生。它决定了一个人是否能够得到他人的重视与喜爱，是否会对他人产生一定的影响，而这些都决定了他在生活和事业上能否风生水起。所以一个人要懂得修炼自己的气场，并利用它助自己一臂之力，使自己在人生道路上走得更顺畅。

1. 你的气场就是一种无声的说服

气场是一种能让人感受到，却无法看到、无法听到的强大魔力。不同的人会散发出不同的气场：有些人生活得非常潇洒随意，在他身边会让人感受到自然、放松的状态；有的人开朗向上，在他身边可以感受到生活中不一样的幽默；有的人很亲切，在他们身边就像沐浴在阳光浴场，天然的温暖与舒适让人不愿离开；有的人很严肃，和他们交往时自己也会变得小心翼翼、拘谨起来；有的人冷若冰霜，时时透露出一股冰冷气息……芸芸众生中，就像没有两片相同的叶子一样，自然也不会拥有完全相同的气场。

在《世说新语》中有一段关于曹操的记载：匈奴使者前来拜见曹操，曹操深觉自己的形象不够伟岸，为了达到震慑住匈奴使臣的目的，便命令容貌英挺、身高六尺且声音洪亮的崔琰做顶，自己则假扮成“曹操”身边的带刀侍卫。会谈结束后，曹操派人前去询问匈奴使者对曹操的看法，匈奴使臣非常真诚地答复道：“魏王的确有着非凡的仪表，并且举止也非常风雅，但站在他旁边的侍卫，才更像是个真正的英雄。”虽然相貌不扬的曹操不符合当时肤白貌美、身体颀长得美男标准，但曹操本身因上位时间长，位高权重，自然而然会散发出一种枭雄气质，其不可一世的霸气更是让人臣服。因此，即便他假扮做一个小小的侍卫，也依然无法阻挡这股气势震慑住他人。曹操的气场可见一斑。

且不说枭雄曹操，就是西蜀大将张飞也带有一种强悍的气场。张飞在长坂坡仅凭借着“我乃燕人张翼德也，谁敢与我决一死战”这一声振聋发聩的巨吼，就惊得夏侯杰肝胆俱裂，倒于马下，而曹操因惧怕其“百万军中取上将首级如探囊取物”回马而走。于是奇迹出现了，张飞仅以一己之力喝退了曹兵百万。难道张飞在当时已经练就了“金毛狮吼”吗？当然不是，只是因为张飞那种舍我其谁的霸气，声音之中显露出来的无穷威慑力，将夏侯杰深深地震慑住了而已。可见，一个人的气场竟然可以强烈到“杀人”的地步，真可谓“法力无边也”。

气场就是这种让人看不见、摸不着却又深受其影响的能量。它能够真正“杀人于无形”而又“无招胜有招”。而刻意的装扮与言行是无法让一个人真正拥有某种气场的，只有由内而外真实、天然地散发出来的，才是一个人的本源气场，才能够引人注目。就像金庸先生笔下的武侠世界，众人真正推崇的也是“无招胜有招”的武学追求。真正的武学大师都是以不变应万变，将自身的修为练到极限，达到形之所至，气之所至的最高境界的，而单是气息就能够威震八方、震慑四海的效用。这和人们在生活中所说的气场正好吻合，虽然人们不能做到飞檐走壁，御器飞行的武侠效果，但现实生活中的一些大师级人物，也确有那种令人难以拒绝、难以超越的强大气场。而这种气场是他们历经了人世沧桑后，一种历练的结果，是自身的知识修养、内在造诣达到极致所形成的天然的力量，因此，让人无法忽视，甚至还会在不知不觉中深受其影响。

1960 年，美国进行总统大选。已经担任了八年副总统的尼克松与当时还在政治圈中名不见经传的“新人”肯尼迪共同竞选下一任总统。这一年的大选是美国首次在电视上进行的竞选，而这一年的大选，也成为了美国大选历史上的一个传奇。

按道理来讲，担任了八年副总统的尼克松先生，早已经积累了不少的经验，在政治上的优势要比“新人”肯尼迪强得多，而舆论也普遍认为，这是一场早已定下结局的战斗。但最后的结果震惊了所有人。

电视上的尼克松，由于刚刚出院而显得毫无生气，宽大的衬衫与灰色的衣服让他整个人显得死气沉沉的。民众在电视中所看到的，不是为美国服务了八年的副总统，而是看到了八年时间，已经被政务压得喘不过气来的候选人。而反观肯尼迪，年轻的他朝气蓬勃，精神焕发，言语中充满着鼓舞人心的劲头，那肯定的语气和铿锵的步伐显示着他的干劲儿与自信，让民众不得不相信，这位年轻而富有创造力的人，更能让美国充满活力与希望。只通过这一明显的对比，就创造出了惊人的历史——肯尼迪当选为总统。

在这次电视大选中，尼克松败给肯尼迪的很大一部分原因，就是二人的气场与气势。战后的美国需要发展，需要强有力的人去创造一个更好的发展环境与空间，显然肯尼迪用他的形象与出色的发挥让人们看到了这种希望，而这种希望也显然足够弥补他在政绩上的不足。可以说，正是这种自信、坚定与朝气说服了美国民众，从而成就了肯尼迪，使其打败了比他经验丰富得多的尼克松。

一个人的气场是通过他的言行举止而表现于外的，人们的每个微小甚微的表情和动作都能够表明他在当时的心境与心态。所以想要有气场，在平时的言行中就要有精气神，正所谓“卧似一张弓，站似一棵松，不动不摇坐如钟，走路一阵风”。可以说，一个走路昂首阔步与走起路来弯腰驼背的人，给人的感觉是决然不同的。在国庆典礼上，军人整齐划一迈着雄赳赳气昂昂的步子前进时，每一个观众都会从内心中升腾起骄傲与自豪感，更会对军人产生出一种崇敬之感。这就是军人的气场。

一个人的气场对周围人会产生很大的影响，这点是毋庸置疑的，虽然它无形，却比有形的东西更让人震颤。因此，一个气场强大的人，在说服他人的过程中，也会事半功倍。因为他的气场已经“先声夺人”，让人不由得不信服。就像肯尼迪年轻、充满活力的气场，让美国民众看到了一个充满希望的未来一样。既然气场拥有如此强大的说服力量，人们就应该学着培养自己的气场，而这需要一个人由内而外地去修炼。也就是不断地学习、不断地完善自我，从而实现目标。让这种比言语更富有说服力的气场去影响他人。

2. 距离产生“美”，让距离为你的气场加分

阴雨连绵的天气，很容易让人产生压抑之感，而阳光和煦的天气则会让人的心情也跟着灿烂起来，这就是环境对人的影响。这种影响是相通的，可以说大多数人对环境的变化都会很敏感，既然这样，为什么不把这种影响扩大化，利用环境因素去影响其他人呢？

汤姆·克鲁斯是好莱坞著名的电影明星。1949 年他凭借在《费城故事》中的精湛演技征服了奥斯卡评委，夺得影帝头衔。在这部电影中，他饰演男主角安德鲁·贝克特。电影主要讲述的是，身患艾滋病的安德鲁·贝克特运用法律手段维护自己权益的故事。主人公安德鲁是一名很有才华、性格又好的律师，在其所从事的律师行业内做得非常出色，而且人缘非常好。但安德鲁不幸感染上了艾滋病，即便他尽量隐藏着这一惊人消息，却还是被他的老板们知道了，于是开除安德鲁了成了不能回避的问题。在这之前，老板们决定要当着安德鲁的面通知他这一消息。

就这样，影片中让人压抑与无助、愤怒与悲凉的一幕出现了——在空旷的会议室内，在可容纳百人多的会议室内，在寂静的、沉默的会议室内，那条长长的桌子横亘在安德鲁与老板中间。桌子的那头，坐着神情戒备与鄙夷的众老板，而在桌子的这头，是被众位老板强制要求坐在远离他们的桌子彼端的安德鲁。桌子长不过十米，而会议室近百平米，相较而言不过如此短的距离却像是一生都无法走完的路程。巨大的空地，狭长的距离，对立的座位，缄默无语的氛围，安德鲁孤身一人面对着众位老板们虎视眈眈的目光，那种无助与疑惑，那种不甘与悲伤透过屏幕传达到了每一个人的内心深处，刺痛侵袭着人们。

在王晶导演的《金钱帝国》中，这种距离被缩短了，但效果一样惊人。《金钱帝国》讲述的是廉政公署面对强权不低头、坚持到底反贪除恶的故事。对香港影片很熟悉的观众来说，对影片中那种小小的询问室大概都不会感到陌生，这种审讯室出现在很多影片中。但事实上，并不是所有的问询室都像电影中的那个样子——狭小、封闭、逼仄，暗黑的房间内，只有桌上雪亮刺眼的台灯明晃晃地照着被审问者，让人能感受到犯人在精神上所承受的压力。

由这两部电影提供的不同场景来看，可以充分地让人了解一个人所处环境的重要性。可以说，在某些时刻，距离与环境所给人的暗示，比语言更能契合彼此的心境。在《费城往事》中，导演刻意选择宽阔的会议室和加长了的桌子，安排众位老板与安德鲁的会面，其目的就是利用距离感来制造人与人之间的疏离感、利用寂静制造压力；在《金钱帝国》中，王晶把询问室打造成狭小逼仄的环境，也是试图通过对环境的刻意营造与渲染，让观众感受到嫌犯在那样一种特殊的环境中，心理与生理上所体现出的敏感与紧张，通过被施压不得不屈服的结果。

据一项研究表明，每个人都有自己的安全距离，他人在自己身边多少米的范围内就会让人产生不舒服的感觉。这是因为过近的距离，已经让自己感到不再安全或者威胁到了自己的安全。这种心理防备其实也与每个人的气场息息相关。人们不会防备熟悉的朋友、相爱的恋人，而选择何种朋友、何种恋人都是自己决定的，而这种选择的根据就和气场有关。如有些人我们靠近他们就会觉得舒服，而有些人距离我们还很远，我们就会感觉到周身不自在。

很多情侣在约会时都会选择温馨、浪漫的咖啡馆或者电影院等地点，因为在那样的环境中，两个人之间的距离会很近，那样可以让彼此感受到对方心情的变化与心意，为更好地拉近双方距离创造良好的条件。而在谈生意时，或者谈判时，很多人都会选择相对而坐的位置，这样的距离与座位可以仔细地观察出对方的表情变化，还能够在某种程度上给对方施加一定的压力，让对方感受到来自于“我”的底气与底线，从而帮助自己争取到最大化的利益。

所以，在与他人进行交流时，可以适当地运用环境、运用距离让对方感受到你的气场。气场相近自然会让两个人的关系更为亲密，而气场相撞也能够施加给对方压力，达到“不战而屈人之兵”的效果。当一个人刻意地与人保持距离时，尽管没有语言表示，但大多数人还是能领会到对方的意图——请与我保持距离，我想疏远你。这种方法在拒绝一个不喜欢的异性追求者时，常会被人用到，运用这种方式拒绝他人，不会直接伤害到对方，但还能让对方明白其中的意思。

在说服他人的过程中，运用环境与距离，可以在说服中抢占先机，获得主动。因为在说服开始之前，就已经利用距离与环境影响到了对方的情绪与心理，在这种先声夺人、准备充足的情况下，对方很难不被说服。战争的胜利无非是占据了“天时地利人和”，因此说，在说服他人的过程中，如果能够在时间上把握好，又在距离与环境上布置妥当，说服成功的几率应该是很高的。正所谓“距离产生美”，恰当地运用距离的攻势，把握好双方气场的较量，就能够增强说服的主动性，充分发挥说服的实力，达到期望的说服效果。

Chapter15

间接说服，
通过第三者的力量说服对方

在说服他人时，往往需要我们采取迂回战术，也就是运用间接的方式去达成说服的目的。俗话说 ："条条大路通罗马。"想要达到某个目的，有时候必须采取不同的方式、运用各种可行的手段，根据具体情况，随机应变。在间接说服中，可以借助第三方的力量来帮助自己达成意愿。这其中，可以借助有威望的人说的话——人们都更愿意相信比自己优秀的人说的话，尤其是权威人士的话，他们的话，往往会让被说服者改变观点和态度 ；也可以借助讲故事的方式，寓教于乐，在潜移默化中，让听者感悟出一定的道理，从而改变其想法 ；还可以找到他人，让他人替你说话，一般人都有从众心理，觉得大家都这样做或者说，那么这件事可能就应该这样办。间接说服的方式还有很多，这要根据说服过程中的具体情况而定，运用哪一种方式更容易让被说服者接受，那么就采用哪一种。

借助第三者说服他人的办法，省力、省时，也更有把握。所以，在说服他人时可以适时地使用。

1. 条条大路通罗马

大家都知道“条条大路通罗马”这句话。也就是说，想要达到某个目的，可以采取不同的方式，运用不同的手段。总之，只要目的能够达到，就算赢了。而在说服他人的过程中，也需要运用不同的方式，见机行事。有些说服工作需要单刀直入法，有些则需要采取迂回战术。无疑，这要根据当时的具体情况而定。

采用迂回战术，看上去好像绕了远，其实，这样做是为了更有把握地达成意愿。当我们对一个被说服者无法做直接说服的时候，就要想办法去对他做间接说服。比如，我们可以借助第三者的力量来说服对方。

在古代的一些故事中，我们常常可以看到，皇帝为了达到某种目的，不惜以杀一儆百的做法来警告那些反对自己的朝廷大员。当皇帝执意要做的事情，遭遇到众多官员的反对时，一般情况下，皇帝都不会放下自己的架子，苦口婆心地去说服文武百官，而在遭遇百般阻挠的情况时，皇帝只好抓一个倒霉鬼问罪，威慑他人，让那些反对者不敢再开口。在我国的兵法中，也有“借刀杀人”这一计策。这些都表明，在处理某些问题时，有时需要采用间接的方法让问题迎刃而解。

借用第三者的力量，去说服他人，往往可以令问题变得更好解决。许多时候，在生活中，我们都会用到这样的方法来做事。

陈琳娜在一家银行工作，一次，她接到一个任务，写一篇有关某公司的内部报道。可是，对这家公司她并不了解，为了获得一些相关资料，陈琳娜不得不去拜访那家公司的董事长。当陈琳娜来到那位董事长的办公室时，恰巧碰到年轻的女秘书对董事长说，她现在手上没有什么邮票。

“我有一个喜欢搜集邮票的女儿，没办法。”董事长对陈琳娜解释。坐下后，陈琳娜说明自己的来意，并问了董事长一些问题，而他的回答都比较模棱两可，他似乎并不想说心里话。而且，对陈琳娜的来访他也没有表示出太多的热情。所以，此行陈琳娜所获甚少。回到家后，她想：“该怎么办呢？如何让那位董事长先生说得再多一些呢？”苦苦思索的她，突然想起了“邮票”和董事长的女儿。于是，她决定利用董事长的女儿说事。

第二天早上，陈琳娜再次来到那家公司，在没见到董事长前，她先请秘书传话说，她有一些邮票想送给董事长的女儿。这次，她受到了董事长的热情接待。当陈琳娜将邮票拿给董事长看的时候，他满脸堆笑，非常客气，并发现宝贝似的拿起其中的一张，对陈琳娜说：“我女儿就喜欢这一张，真是太谢谢你了。”虽然，在这次交谈中，关于邮票的讨论占了很长的时间，但是，最终陈琳娜还是满意而归，因为她获得了她想要的资料。

陈琳娜很聪明，她知道借用第三者的力量来帮助自己达成心愿。董事长的女儿喜欢邮票，而董事长宠爱女儿，那么能让他女儿高兴的事，董事长也一定会高兴，而他高兴了，有些事情自然就好办了。

同样，在说服他人时，当处于直接说服无法奏效的情况下时，采用间接的办法，借用第三者的力量来说服对方，也是个不错的选择。例如，在销售过程中，善于运用这样的方法，可以更顺利地说服客户。当我们的直接说服可能会引起某些客户的反感时，就要开动脑筋，想另外的办法，让客户接受你的产品。

生活中，“明星效应”相信大家都不陌生，很多商家请大牌明星为自己的产品代言，其实就是借用第三者的力量宣传自己产品的典型案例。明星，顾名思义，就是被大多数百姓所熟知的公众人物。可以说，他们的一举一动都会带来不小的影响。而且，每一位明星都有一定数量的粉丝，他们的粉丝很愿意追随自己的偶像，所以，他们代言的产品，不言而喻一定会引起更多的关注。可见，利用“明星效应”就是聪明的商家借助第三者的力量来说服客户的最佳途径。

众所周知，许多知名企业都曾经利用过“明星效应”这一法宝，为自己的产品做了很好的宣传。所以，众多商家不惜花大血本请“明星”们为自己代言。

做任何事情，都不可能只有一种办法，而找到最佳途径去解决问题，是非常有必要的。说服是一种具有挑战性的工作。而我们要通过某种方式，将自己的意愿强加给人，这一过程绝对不会是一帆风顺的。因此，在说服他人的过程中，当此路不通的时候，就要懂得调整自己的方案，换一种思路，寻找有利于解决问题的方法。毕竟一件事情总有它的最佳解决方法。直着不能走，我们就绕行。而借助第三者的力量去说服他人，就是采取了绕行的方式。一个说服高手，在说服他人的过程中，看似做了或说了与其本意毫无关系的一些事情，但其实，他们是悄悄地在为自己搭建一座通向目的地的桥梁。

现实生活中，许多电话销售人员都懂得借助第三者的力量与客户交流。

孙丽是某公司的一名电话销售人员，她说，在电话销售中，她会经常这样与客户交流：“您好，请问是王经理吗？”客户答：“是的。”孙丽接下来就会说：“我是 xx 的朋友，我叫孙丽，是他介绍我认识您的。前几天我们通电话的时候，他还对我说您是一位非常和蔼的人，而且也很有才能。客户说：“客气了。”孙丽不慌不忙地又说：“实际上，我和 xx 既是朋友也是客户关系，一年前他使用了我们的产品后，公司业绩提高了许多，他说你们是不错的朋友，所以希望我能把我们的产品介绍给您，与您一起分享。”孙丽说，她的这种销售方式还是比较奏效的。最起码，通过这个“第三者”，让她与客户更容易展开话题。因为是朋友的介绍，客户无形中就放松了警惕，与她建立起信任关系。这种信任一旦产生，接下来的推销工作就容易多了。

人是情感动物，有依赖感，得知朋友也在用某一产品时，自然会对它产生试一试的念头。所以，当销售人员提及第三者——他的朋友时，销售成功的机会就已经萌芽了。在销售中，这种借助第三者的力量说服客户的方式，可以说是屡试不爽。

虽然说服他人时，什么困难都会遇到，但是，只要我们想办法，就一定能找到解决问题的途径。

2. 借用故事说服法

说服别人绝不是一件容易的事。每个人都不喜欢自己的生活被别人左右，尤其是那些自信、自大之人。但是，有时候还必须去说服他们，让其心甘情愿地按照我们的意愿去做事情。所以，在说服他人时，就要想尽各种办法，积极寻求可以让其转变观点的途径。

脍炙人口的美国《独立宣言》，曾经对推动美国的革命起到了巨大作用。可是它的诞生还有着这样一段故事：杰弗逊是《美国独立宣言》的主要起草人，他深信自己写出来的东西是最好的（他虽然很有才华，但也相当自负）。而富兰克林也是起草这一文件的负责人，而且他与杰弗逊关系甚密，对杰弗逊的性情也自然相当了解。《独立宣言》起草完之后，富兰克林觉得有需要修改的地方，可是又担心引起杰弗逊的不快。为了解决这个问题，一天，他给杰弗逊讲了一个故事：一位年轻人开了一家帽子店，他做了一块招牌，上面写着“约翰·汤姆森帽店，制作各式礼帽并现金出售”，而且在这块招牌的下面他还画上了一顶帽子。招牌制作好之后，看上去特别醒目，年轻人洋洋得意地等着大家的赞赏。可是，没料到，人们并不以为然。还有几位直言不讳的朋友，纷纷拿出自己的意见，告诉他如何修改这块招牌上的文字表述。其中有人说，“出售各种礼帽”可以删去，“制作”也可以不用。因为只要帽子价格公道、质量没问题、样式让顾客喜欢，自然就会吸引来很多顾客，至于是谁制作的，大家未必会关心。还有朋友说“现金”两字也是多余的，因为一般商店卖东西，都是用现金的。在朋友们的各种建议中，这块招牌改了又改，最后只剩下“约翰·汤姆森，出售各式礼帽”的字样以及那个别致的小礼帽图案。可是，还有朋友对此不满意，他觉得每个人都知道，任何一个商店都不会白白地送人帽子，所以“出售”二字也可以删去。另外，“各式礼帽”与那个图案也重复了，所以，同样可以删去。

经过不断地修改，那块牌子上面最后只有“约翰·汤姆森”的名字和那个图案了。如此一来，牌子显得既简单明了，又十分醒目，而且店主也极为满意。

听了这个故事后，杰弗逊认为《独立宣言》也应该广泛争取大家的意见并进行修改，这样才能使其更加完美。

有才华的人大都十分自信，而且自尊心极强，对于这样的人，想说服他们可不是一件容易的事。《独立宣言》的起草是非常重大的事，必须臻于完美，每一个字都要落地有声，振聋发聩，所以，富兰克林认为，就算杰弗逊再难说服，也要让他知道这个草稿必须要反复地修改。

在说服杰弗逊的过程中，富兰克林没有生硬地去摆道理、去说教，而是运用了讲故事的办法，巧妙地让杰弗逊认识到文稿是要一遍一遍修改，才能变得更加完美的。如果富兰克林没有运用这样的办法，可能很难说服才华横溢的杰弗逊。由此可见，在说服他人的时候，采用一些迂回的战术，间接地说服对方，效果可能会更好。

人常说“小故事大道理”，讲故事就是把一些道理，用通俗易懂的形式去演绎，然后讲给他人听。可以说，没有几个人不喜欢听故事，所以，利用讲故事来使他人接受你要表述的观点，还是比较容易的。

生活中，许多家长在孩子遭遇到挫折的时候，都会为孩子讲一些故事。因为在孩子心情不好的时候，跟他讲道理，效果可能不会很好。本来心情就不好，家长再在那里絮絮叨叨说一些干巴巴的道理，孩子会更心烦。所以，这时，聪明的家长就会找一些切合孩子情况的故事，给他讲一讲，让孩子在听故事的过程中，慢慢领会一些道理，从而让孩子从挫折的阴影中走出来。

故事对人能起到一种潜移默化的作用，人们在别人的故事里更能发现问题，从而关照自己、检视自己。当一个说服者去劝说他人时，如果只知道用一些主观色彩浓厚的言辞，讲枯燥乏味的大道理，谁能听得进去？这样，尽管你在滔滔不绝地说，可是被说服者却是左耳进右耳出。而一旦碰到不好说话的人，或许还会在你正说得起兴时，毫不客气地将你的话打断。可是，听故事就不一样了。就算最初他有抗拒心理，可是没准听着听着就被故事吸引了进去，这样你的说服就基本成功了。

有这样一位领导，在与员工讨论问题时，针对每一种情形，几乎都讲一个相应的故事。无论是劝诫员工，与员工谈心还是培训员工，他都会采用讲故事的方式与员工沟通。通过这样的方式，他的劝诫不但没有引起员工的不满或尴尬，反而赢得了员工对他的尊重。这位会讲故事的领导，曾经对身边的员工说，自己以前也不是一个能够很好地处理上下级关系的人。因为工作，没少跟同事吵过架，后来，他学会了运用故事来说服员工。为了知道更多的故事，他买了很多书，没事的时候就翻一番，不仅掌握了很多故事，而且讲故事的水平也越来越高。更主要的是他把讲故事的技巧融入到了自己的管理中，使其成为了他独特的管理风格。

作为一个管理者，与员工打交道是必不可少的。而对于员工在工作中存在的不足，也是不可避免要进行劝诫的。有些时候，直言不讳可能会造成上下级关系的不和谐，所以，采用间接说服的方法会更稳妥。而讲故事就是一个不错的方式，用故事来影射下属存在的某些问题，让他在听故事的过程中，发现自己的不足，这样他更容易接受自己的不足。因此说，在说服他人的时候，要多开动脑筋，尝试各种办法。这样，说服他人的成功几率才会更大。

3. 借用权威的力量说服他人

生活中，人们更愿意相信比自己更优秀的人说的话和判断，或者是那些权威者的意见和判断，而在对某些事物不清楚的情况下更是如此。这个就是心理学上说的“威望效应”。可以说，这种“威望效应”渗透在生活的各个层面。

常听人说，某某专家说，我们应该怎样饮食更健康，什么时间睡觉能让身体达到最佳的睡眠状态，甚至有人买不买房都想听到某位业内权威人士发表的看法。可以说，“权威”的话已经成了人们决定去做某事的指令。

“权威效应”也被称为“权威暗示效应”，是指人们对地位高、有威信以及受人尊重的人所说的话，格外地重视，即他们的话对自己的判断具有很强的影响力。“权威人士”的观点和意见往往具有一言九鼎的作用，正所谓“人贵言重”。

有这样一个例子：一次，著名学者贝尔纳说了句俏皮话，在场的朋友们都被他逗得捧腹大笑。其中，有一个非常佩服贝尔纳才华和为人的朋友，不无恭维地说了一句：“这样妙不可言的话，也只有你才能说得出来。”可没想到贝尔纳说：“这句话是我刚刚从报纸上看来的。”朋友说：“你说得那么自然，就跟你自己的话一样。”贝尔纳说：“没错，而且我还把它权威化了。”

可见，一个优秀的人，他的话会产生什么样的效果。“权威”说的话是独一无二的，而且是最有道理的，因为他是“权威”人物，他的话就有分量，让人信服，而这就是大众的普遍心理。

几年前，谢雨在朋友的鼓动下，买了一些股票。还好，股票自从买到手就一直上涨。谢雨的朋友劝谢雨别太贪，该出手时就出手。谢雨听了朋友的话后，本想出手，可是在电视上听到一位专家说股票可以涨到 3000 点，便异常兴奋地决定再等一等再出手。尽管他的朋友再三劝他把股票卖出去，可他就是不听——他认为专家的话一定不会错的。结果，没过多久，股票暴跌，谢雨不但没赚到钱，还赔了很多。

谢雨之所以听了专家的话，就是因为“威望效应”的作用。实践证明，很多“权威”人士的判断，并没有十分的把握，可是人们依旧愿意相信他们的话。人们往往会被“伟大人物”的意见或判断所影响。在当下，无论社会中发生什么事，报纸、电视、网络等媒介都会纷纷载出一些具有评论家头衔的人的意见。各位“权威”人士大发议论，以斩钉截铁的态度“指点江山”，而大众们便应声附和着。

可以说，在现代社会中，“权威”的话，已成为了人们笃信参照的标准。了解了这一点，在说服中，就可以运用“威望效应”，让其发挥作用。

之所以在说服工作中运用“权威效应”，就是遵循了大家更愿意相信比自己优秀的人说的话这一原则。在劝说他人的过程中，劝说者的话，对被劝说者视为无稽之谈的情况时常会发生。这时，不妨试一试“威望效应”，让“权威”人士的话，发挥力量。研究表明，一般人在听到强有力的、高度可靠的、权威性的材料时，都会动摇自己固执己见的态度。所以，在劝说他人的过程中，可以将“权威”人士的经验之谈，以及一些比较真实可靠的材料拿出来，让被劝说者在强有力的“人证”“物证”面前，对问题进行重新思考。因为人们对“权威”的笃信，所以，这一方法对增加说服的力度还是很奏效的。

一个人态度的改变过程，是通过依从、认同和内化三个阶段实现的。在这一过程中，说服者的身份，是否具有使人信服的权威性很重要。权威性越高，说服的效果会越好。这也是为什么在说服中，说服者的身份往往要高于被劝说者的原因。如果这一点没有做到，就可能需要借用第三者的力量了。也就是，用“权威”人士的话，或者具有“权威”性的资料来帮助自己完成劝说工作。

研究表明，“权威效应”之所以普遍存在，主要有以下两个原因：

第一，人们都具有安全心理，因此，总觉得权威人物常常是正确的楷模，服从他会让自己具有安全感，使自己不出错的几率更大。

第二，因为人们都具有赞许心理，而权威人士的要求与社会规范往往大体一致，按他们的要求去做，可以获得更多的赞许与奖励。

众所周知，是麦哲伦的环球航行，证明了地球是圆的，从而改变了人类一直以来认为天圆地方的观念。然而，这位伟大的航海家，在最初说服国王允许他环球航行时，也是费了一番心思的。

当时，因为受到哥伦布航海成功的影响，出现了许多骗子，他们认为这是一个非常好的机会，可以借着航海的招牌，来获取皇室的信任，从而骗得大量金钱。因此，国王对一般的航海家都持怀疑态度。为了消除国王对自己的疑虑，麦哲伦请来了著名地理学家帕雷伊洛和自己一起去面见了国王。由于帕雷伊洛是一位久负盛名的学者，是人们公认的地理学界的权威，所以国王对他很尊重，而且对他也十分信赖。

帕雷伊洛谈起航海一事时，对国王历数了麦哲伦环球航海将会为国家带来怎样的好处及其必要性。国王对帕雷伊洛的论述很是赞赏，于是他向麦哲伦表示了对其环球航海计划的支持。

麦哲伦很聪明，他知道在当时那样的情况下，想说服国王支持自己的环球航海计划不是一件容易的事，以自己的身份想要说动国王支持自己的希望很渺茫，所以，他才将地理学家帕雷伊洛请了出来。因为他是这方面的权威人士，他的话有着极强的可信度，所以国王相信了麦哲伦。这就是“威望效应”的伟大作用，也正是依赖了这一效应，才促成了麦哲伦这一举世闻名的成就。

事实上，在麦哲伦环球航海结束后，人们发现，帕雷伊洛当时对世界地理的某些认识也并不全面，甚至有许多错误的地方，而他所得出的一些计算结果与事实也是有偏差的。可这些已无关紧要，重要的是国王听了权威的话，使麦哲伦实现了环球航海的计划。

无数事例都可以证明，在劝说他人时，运用“权威效应”这一方法，可以解决问题，使说服变得顺利。所以说，在说服他人的过程中，借助“威望效应”这一第三者力量，往往会成功地说服对方。

4. 找个第三者帮你说话，会使你收到满意的结果

在一家服装专卖店，有一位女士正流连于此——她看中了一款新到的大衣，但还没有决定是否买下来。店主在一旁察言观色后，拨出了一个电话：“喂，小韩，你同事对那款大衣还满意吗？满意啊。哦，她满意就好，什么？她和同学下午要过来，是她同学也要买吗？不过，我这款式的大衣不多了。哦，下午一定来啊，让我给她留一件是吗？我尽量吧。不过，让她们抓紧过来吧。好的。嗯，那就这样。”说完，她若无其事地从那位女士旁边走了过去。那位女士本来就看中了店里的新款大衣，而听了店主的话后，她便毫不犹豫地将大衣买了下来。

生活中，往往会出现这样的情况，当你想说服他人做某件事时，他可能会无动于衷，这时，如果有个第三者出现，恰好去做了那件事，或者认同了那件事，那么，被劝说者可能就会动摇自己的想法，这时，劝说成功的机会就会增加。所以，在说服他人的过程中，不妨抬出另一个人帮你进言，这样很有可能会使你收获自己想要的结果。

需要注意的是，在说服他人时，想要利用第三者为你说话，你要学会赞赏别人，见机行事，让他心甘情愿地为你服务。

蒋介石逝世那年，蒋纬国的军衔是中将。这个中将军衔他已经带了 14 年了。国民党的军队有个规定，一个中将到了第 14 年的时候，如果还没有晋升为上将军衔，就会被强制退役，而且军衔也会随之取

消；上将则不然，它是终身制的。当时，蒋经国担任“总统”，本来他是不打算让蒋纬国晋升为上将的。蒋纬国知道这件事后，为了保住军衔，就想了一个办法。

蒋介石的丧事办完后，宋美龄决定离开台湾去美国。在她出发的前一天，蒋氏兄弟来送行。以往蒋氏家族聚会时，蒋纬国都是穿西装的。可是，这一次他却一改往日的习惯，穿上了军装，还将全套的勋章佩戴一齐，而且早早地就来到了宋美龄的府邸。进门后，他便向宋美龄行军礼。

根据以往的惯例，宋美龄对出现在自己面前一身戎装的蒋纬国，感到一些怪异，便问：“今天怎么了，穿军装过来的？”

蒋纬国说：“再过不久，我想穿这身军装，也没有资格了。今天给您送行，也是想让您好好再看一看儿子穿军装的样子。”

宋美龄听了这话后，十分不解地问道：“为什么？”于是，蒋纬国便将台湾地区军队中的退役制度向宋美龄简单地说了一下。晚年的宋美龄，很少过问政事，对许多问题都不了解，所以，诸如军队制度这些问题就更不是十分清楚了。听了蒋纬国的描述后，她又问道：“何应钦为什么可以继续穿军装？”

蒋纬国回答说：“因为他是一级上将，这一级的军衔是终身制的。”

宋美龄点了点头。

正在这时，蒋经国也来到宋美龄的府邸。蒋纬国见到蒋经国后，站起身行了一个军礼。蒋经国见状，面露不悦之色，问道：“怎么回事，在家里还来这一套？”

还没等蒋纬国说话，宋美龄已经开腔了：“纬国还可以做军人吗？”蒋经国并不知道之前的事情，被宋美龄这么一问，随口答道：“他本来就是军人，干得很出色。”

“既然这样，为什么还要让他办理退役手续啊？”宋美龄问。

蒋经国这时才明白过来，只好回答说："纬国的中将期龄到了，不过，我会马上交代给他晋升上将的事。"

就这样，蒋纬国从中将晋升为上将，继续留在了部队。

为了达到晋升的目的，蒋纬国巧妙地利用了宋美龄的身份，使自己的心愿达成。他知道，宋美龄的话一定能帮到自己。

在说服他人的过程中，可以找到这样一个人，以其身份、才能的不俗，来让他替你说话。因为有时候自己说的话没有别人说的效果好，所以，在说服的过程中，也可以找到这样一个人，让他为你出力，这样的间接说服还是很有效果的。

有些人是很难被说服的，不管你怎样说，他都不理会，甚至有意刁难。这时，就应该好好思考一下，换一种更容易说服他的方式。比如，借助他人的力量，让另一个人替你说话。当然，这个人对于被劝说者而言，最好要有一定的威慑力。在学校，老师对不听话的学生，经常会这样说："再不听话我就把你家长叫到学校来。"在职场中，当某个员工很难管理时，他的上司也会说："你再这样的话，一旦被老板知道，饭碗就难保了。你自己看着办吧！"在这种情况下，不论是学生，还是职员，他们不合规矩的行为都会有所收敛，而老师或者上司对其也就起到了一些说服的作用。

在说服中，运用第三者说服的方法，可以起到省时、避免硬碰硬，说服的把握会更大一些等作用。有时候，第三者的一句话可能胜过你说的很多话。比如，你想去应聘某家单位的一个职位，但老板对你能否胜任这份工作可能会持怀疑态度。如果这时，你能说出曾在某家单位从事这份工作，并得到老板的赞赏，自己在做这份工作时获得过怎样的业绩，等等，那么，在某种程度上一定会打消招聘人的疑虑，使其愿意给你机会，让你工作一段时间看看。

在天津卫视播出的《非你莫属》栏目中，我们可看到有些选手在应聘的时候，会带着同学、朋友，甚至之前的上司来为自己助阵。而主持人和老板们也会问台下的助阵嘉宾，台上的选手是怎样的一个人。然后，他们根据嘉宾的说法，重新对选手进行判断，决定是否为其留灯。在这个节目中，可以看到，嘉宾对选手的评价，还是在老板那里起到了不小的作用的——很多老板就是通过嘉宾对选手的评价而留了灯，给了不太善言辞的选手就职的机会的。

选手自己的话，老板未必会全部相信。在老板看来，选手自我介绍时，有些话有过于夸大之嫌，而第三者对选手的评价，可能会更可信一些。可以说，带着同学、朋友或上司来应聘的选手，就是借用了第三者的力量来说服用人单位的巧妙方法。

做什么事情都有一定的捷径，找到这个捷径，不但可以解决问题，还可以少费周折。而在说服他人的过程中，学会巧妙地借用第三者的力量，也是一个不错的选择。

5. 用数据说话，更具有实效

西方思想史上的重要人物托马斯·卡莱尔曾有言：“人们应该尝试去用数字说明一切。”数字可以是最简单的 1、2、3，而在其背后所代表的也可能是最深奥的计算与公式。数字具有非凡的说服力，所有人都不应该忽视它带给人们的那种精确、细致、权威的感觉。正是不断地计算与实践，才让数字显得更为真实与具体。当他人为我们提供出了一组数据后，我们的脑海中会立刻形成一幅具体的图像，实践的成果，实践的前景很快就会在我们的脑海中显现出来，尤其是出现多组数据对比时，这种感觉就更为强烈。可以说，就像是两个不同身高的人站在一起，高低立判。

所以，如果我们能在说服他人的时候加入具体的数字，就能够将事情清晰地展现在对方面前，从而大大增加自己说服对方的成功率。

1922年，有一位女议员的演讲震惊了美国，为女性获得平等地位做出了很大贡献。这个女人就是来自纽约的贝拉·伯朱格。在她的演说词中有这样一段话："在大约一个月之前，我在国会倾听总统针对全美国所发表的一篇讲话，在我的周围，有700多位议员落座，而我听见总统这样说道：'在座的各位，是整个美国政府中的所有政治要员和内阁成员。'我环视着我的周围，可是我悲哀地发现，在700多名政治要员之中竟然只有12人是女性，而在435名议员之中，女性也不过只占了11个席位。更为悲哀的是在内阁成员中，女性所占的比例是0，在最高法院中这个数字也没有任何改变，还是0！"

贝拉·伯朱格仅仅用了几组数据的对比，就已经非常明显地向美国群众，甚至是世界群众表明了女性在政坛上仅有如此微弱的影响力。政坛上尚且如此，生活中女性的地位又能高到哪里去呢？这些数字很好地说明了她的观点，而且不管你是支持还是反对，你都无法去否定她。也无法否认在社会中女性的地位的确是没有男性高，整个社会都存在着严重的男女歧视、男女不平等的社会现象。

这就是数字的力量，它意味着决然的不容人狡辩的事实。具化了的数据，比任何语言都更有效，比任何说辞都能激发你对一件事情的关注。因此，在说服中我们要恰当地加入一些数据来增强自己的说服力。

通过运用数据，我们可以将那些平常难以感知或者认识不足的事情讲解得更为形象生动，而且通过具体的数字，也能增强对方对我们所说内容的印象与对我们的信任。

元朝至正年间，由于海宁一带没有通航，所以导致海宁一带的水路非常不便，所以在运送粮草方面只能通过陆运来进行。但海宁一带的人民已经饱经战乱的困扰，无法再继续征用平民进行粮草的运送了。所以，将军董博霄就向朝廷提出了建议：士兵自己去搬运军粮。但这一提议遭到了全体大臣的一致反对。大臣们认为，国家已经处于战乱之中，士兵将士们面对战争就已经要付出很多了，若是再自行搬运粮草，体力上、调度上一定会出现问题，到时候军队的战斗力下降打了败仗可就糟糕了。

董博霄当时是这样说的："如果用士兵们运粮，就可以用一日行百里的运送方法。这个方法就是每 10 步安排 1 个士兵，1 里地就只需要安排 36 个士兵，10 里地需要安排 360 个，100 里地也不过要安排 3600 名士兵。这些士兵每人每次只背 4 斗米，用布袋装好并做上记号。走 10 步就可以传递给下一个士兵了，士兵们在不停地走，而米也就不用停止运输了。如果 1 个士兵每天能够走 500 个来回，他的行程往返也不过是 28 公里，其中还有一半是没有负重的。也就是说，每个士兵每天负重行走也不过是 14 公里，这样算下来，平均每天就可以运送 200 石的米。假若每个士兵每天需要 1 升米，那么这 3600 名士兵就能够为百里外的 20000 名士兵带去一天的粮食。再者说，每个士兵每天的路程不过是 28 公里，负重 10 步之后还能够歇一歇，这样劳逸结合，就像是大家一起在玩一个传递的游戏一样，怎么会劳师动众呢？"

董博霄运用数字成功地说服了众位大臣支持他的建议，并且在实行之后也确实收到了很好的效果。数字所展现出来的运算之精巧、统筹之周密的确要比普通的言语更胜一筹，更有说服力。

运用数字虽然能够增强你的说服力，使你的言辞更显真实可信，但在运用时也要注意以下一些问题。

首先，在运用数据之前一定要准确查证，保证你所运用的数据是真实的、准确的。如果你的数据出现问题，它将失去数字原本的作用，不仅不会增强你的说服力，还会让对方觉得你做事不够严谨，更有甚者，如果对方认为你是在存心用虚假的数据来欺骗他们就更是得不偿失了。有些时候，你明明已经确认数据的准确性了，但还是会出问题，这是因为社会是变化的，所以一些调查、一些比例也会有所变化，你所提供的数据自然也会随之变化。所以，要不断更新自己的数字储备，达到与时俱进，客观而精确。

其次，在使用数据之前要分析数据的典型性与代表性。如果它没有较大的影响力或者没有和重要的人或事件有关，对方就不能从根本上相信你所说的话。只有拿出些公认的、有较大影响力的数据才能够起到“写实”的效果。

最后，万事都有度，数字虽好用，但也不能滥用。正所谓“钱要花在刀刃上”，不要让数字出现的次数抵消了数字出现的效用。

人们往往都对数字对比有特别深刻的印象，如果能够在说服的过程中巧妙地加入数字来达到锦上添花的效果，你的说服力一定会得到很大程度的提高。

Chapter 16

说服误区，
不要让这些因素导致你的失败

谈吐上的问题有很多需要我们去注意，可能你看了前面几章的讲解，已迫不及待地想要去找个人做实验，试一试那些方法是否有效，而且想要得知是否自己也能做一个说服大师。但不是所有能说会道的人都可以称之为说服大师，真正的说服大师知道什么时候应该滔滔不绝，什么时候又应该沉默不语。而说服的过程中，必然会出现各种各样的问题，有些人只顾着自己说话而没有仔细观察对方的反应；有的人在说话时不注重小节，时常让人误会；有些人说话态度不好，不能给他人留下好感；有些人在事先根本不做准备……这些问题可能不像我们脸上的痘印那样让我们一目了然，但它们也是深刻而鲜明地存在着，而且增加了我们说服他人的难度。正所谓“不打无准备之仗”，只有知道说服中存在哪些误区，并能够严格控制自己不触碰这些误区，才能在说服这场“战役”中获得最终的胜利。

1. 忌自说自话：你是在说服他人，不是在演讲

独角戏只适合在舞台上表演，而在生活中，沟通是双向的。所以说服需要沟通，而沟通中禁忌出现自说自话的情况。

曾有一位名人说过这样一句话："不肯留心听其他人讲话的人，是不受欢迎的人的第一表现。"当你一个人自说自话时，难道不就像是在打一通自己付费的长途电话吗？说服的过程中，有些人一旦张开嘴巴，就会喋喋不休、滔滔不绝地讲话，难道沟通可以不顾及他人感受，不顾及他人是否能接受吗？

说服式谈话与你站在台上演讲不同，说服式谈话中，双方是平等的，不只是你一个人的情感宣泄。如果你只是像瀑布一样只管倾泻，而不给他人留下插话的余地，这样的说服注定是失败的。真正的说服就像太极图一样，黑中有白，白中有黑，二者取得平衡，才能正常运转。否则，一方失衡，都会造成图盘的倾斜，而一旦双方的地位不平等，谈话则无法继续深入，你也只能是无功而返。

肖旭有个朋友曾经是做销售工作的，所以每当这个朋友遇到肖旭，都要对自己公司的产品夸夸其谈、赞不绝口。而肖旭这个平常能说会道的人，在这位朋友滔滔不绝犹如三峡决堤一样的说话态势面前，毫无用武之地。每次都想和朋友进行交流，可每次都只是被动地倾听，而倾听的内容还是自己不擅长也不感兴趣的话题。久而久之，肖旭就和这位朋友断了来往。

肖旭的这位朋友是一位失败的销售者，也是不受人欢迎的朋友。

人人都有自己的得意之作或是兴趣爱好，我们在与人交流时，也主要是向他人展示这些信息，但万事有度，过分谈论就会让他人失去与我们交流的兴趣，变成我们自己的独角戏。显然，这样就失去了交流的乐趣与意义。但在我们身边，这样的人层出不穷：自己做了个惊险的梦，逢人便讲；自己有了个孩子，逢人便夸；自己做了个项目，逢人便炫；自己失恋了，逢人便哭。直等到把自己说得尤还在梦中，他人却已梦醒离去；自己尤陷在得意洋洋之中，他人却苦笑告辞；自己尤在伤心太平洋，他人却陷入苦笑无语的境地。仔细想一想，谁人不曾做过新奇有趣的梦？谁人不对自家孩子爱护非常？谁人不曾对自己的成绩感到骄傲？谁人不曾经历过失败的恋情？你有的经历不见得他人没有，更不见得他人会对你的经历感兴趣。

倾听是我们对他人的一种最有效、最节约成本，同时也是最高层次的一种恭维。一位销售业绩总是比其他同类型店铺的业绩要好的店主，曾向他的学徒传授过这样一个秘籍：当你愿意听顾客讲故事时，客户就已经对你进行认定了。每一个人都有发表自己看法并使自己的看法得到大众认同的欲望。一个好的销售人员永远不会夸夸其谈地大谈特谈，而是将演说空间留一部分给顾客，让顾客发表看法。虽然你的恭维可能会让客户觉得虚伪，但无声胜有声，你用倾听作为恭维绝对是最有效、最不会引起顾客反感的工具。

自说自话的人，往往都是口无遮拦的人。而在说服中，一句因为你的口无遮拦而冒犯到对方的话，往往会导致失败的局面。即便是非常要好的朋友之间，说话也要进行考虑，不能不顾及他人的感受。

刘达与敖侠是一对亲密无间的朋友，双方说话百无禁忌，看到对方的第一句话总是：“呦，您还活着呢？”平常两人说说笑笑倒是无所谓，互相拍打一下就过去了。最近，敖侠被车碰了，虽说不严重，但也要在医院休养两天。作为好朋友的刘达自然要去看望，可刘达一推门就口无遮拦地说了句："呦，您还活着呢？"敖侠一听，顿时火冒三丈地把刘达骂了出去。此后，虽然两人冰释前嫌，但这根刺一直横亘在两人之间，以致两人之间的关系无法再进一步。

有些人说话之所以会让人气恼，并不是他们不会说话，而是太不注意分寸和场合了。所以对于这样的人来说，就要先有场合意识，避免出现因为口误而使双方产生不愉快的情形。培根就曾说过这样一句话："委婉的言谈，比口若悬河要可贵得多。"

许多人因为自身学识浅薄反而容易夸夸其谈，虽说对某一方面一懂半懂也要装腔作势一番，以保全自己的面子。殊不知说多错多，无形之中更显露了自己的浅薄。如果连一些非常浅显易懂的事也要夸夸其谈，咬文嚼字地进行卖弄，这不是能说会道、博学多才，而是源于自己旺盛的表现欲与永不满足的虚荣心。为了强行地说服对方而故意地去使用一些大家平常都不太会用到的生冷词汇，只会让对方一知半解，觉得你不知所云而对你产生一种格格不入的感觉。现代社会是信息化社会，每个人都有自己熟悉的领域与不甚熟悉的方向，只有虚心向人请教，才能获得大家的尊重。不懂装懂还要大谈特谈的人只会让人远离你，视你为洪水猛兽。

总之，想要说服他人，就要懂得如何与人交流，不能自说自话。因为生活中人人都是主角，所以谈话中要注意角色的平等与对话的平等，不能肆无忌惮地想说什么就说什么。毕竟人人都有逆鳞，老虎的屁股得有像"武松"那样的资本才能去触摸。不能不懂装懂，让人感到不知所云反倒会使自己贻笑大方。

2. 忌粗枝大叶：既要行大礼，又要拘小节

古语有云："行大事者不拘小节。"在交流的过程中，就是有很多人对一些小节不够重视，才让他人与他们渐行渐远，不愿意再去与他们有进一步的交流的。所以在与人谈话时，要切忌以下这些小节：

(1)逻辑凌乱。

在聊天过程中，很多人打开话匣子就像蹦豆子一样霹雳巴拉一股脑地把自己想说的都说出来，也不管别人能否听得懂，能否听得清。所以很多时候，你都会看到这样的情形：讲话的人讲得激情澎湃，听话的人听得云里雾里。在交流过程中，为了避免出现这种情况，达到内容有层次，语义够清晰，就要在讲话之前先将自己所要讲述的事情进行整理。去繁就简整理出大意，分为哪几个层次来逐步地讲述，在讲述的过程中可以再适当地添加细节，从而使你的讲述更加形象、生动，富有感染力。不然的话，就会出现支支吾吾、讲述不清或者内容主次不明，让人听起来非常吃力的情况。

(2)咬字不清。

咬字不清造成的后果与逻辑凌乱一样，都会让人理解不了甚至出现理解错误，从而导致误会的局面出现。

黄莺（一名大二学生）是一个爱吃零食也爱玩爱闹的人，所以和朋友交流或者娱乐时也总是喜欢边吃边说、边吃边唱。有一次，黄莺所在宿舍玩接歌的游戏，轮到黄莺时，是"我"字结尾，所以黄莺就

要以“我”字打头。她唱道：“我能想到最浪漫的事，就是和你卖卖电脑。”舍友都很奇怪，明明是慢慢变老，怎么到她那里就变成了“卖卖电脑”。又“和暖的阳光照耀着我们，每个人脸上都笑开颜”唱成了“河南的阳光照耀着我们，美国人脸上都笑开颜”。每次黄莺都会成为宿舍的笑柄，时间一长，黄莺就不参加宿舍的这个活动了，而且她与舍友间的关系也变得疏远了。

吐字不清确实会让人觉得你说话支支吾吾，难以理解，从而误解了你的意思。所以，在与人交流时，最好强迫自己把每个字的音都发准确，以免闹出笑话和误会。

（3）用字笼统。

东北笑星宋小宝与赵海燕曾经合作过名为《干啥呢》的小品，讲的是宋小宝打电话途中不小心撞到了拎着苹果的赵海燕，苹果滚了一地，于是俩人之间开始进行理论的情节。从以下他们理论的台词中，我们可以看到用字笼统造成的笑话。

赵：哎，你干啥啊？

宋：我没干啥啊。

赵：没干啥你那是干啥啊？

宋：哎呀，我干啥了？

赵：你干啥呢啊？（踢了一下苹果）

宋：不是，你干啥啊？

赵：你刚才干啥了？

宋：不是，我就这么干啥一下子，你至于这么干啥么？就我干不干啥，你也不至于这么干啥一下子啊！（也踢了一下苹果）

赵：你想干啥？

宋：你想把我干啥？

赵：我想把你干啥？就你这样的我想把你干啥？

宋：就你想把我干啥，我还不干啥呢！

我们看对话，看小品觉得这很有趣，可生活毕竟不是小品，要是现实中有人和我们这么争论，可能我们就不觉得有趣而是不厌其烦了。这种情况产生的原因，首先是和我们生活的习惯与环境分不开；其次，与个人的不良习惯，不爱认真思考何种情况该用何种字眼有关。如果放任这种情况继续发展，就会造成个人的说话笼统，词不达意。

（4）过于夸张。

谈话时适当的夸张的确会使你的语言更加形象，更加有趣味，但过度的夸张则会影响你的诚信。

国内最近几年非常流行“腰封”，它包裹在图书封面外，用以装饰封面或补充不足。但腰封上的文字则大多是宣传性的话语与推介性的文字。有些则很夸张地写上“最伟大”“最流行”“最深刻”等字眼，还会出现很多其他作家的推荐，引导消费者去购买。但打开书本就会发现，很多书的内容与腰封推荐根本就不相符合，与你理想中的内容千差万别。莫言曾在一个访谈中讲过：“没有必要用那样夸张的语言，要相信读者的判断力，最好的广告是读者的口碑，是让其他的读者给你推荐，这本书很好，你一定要读一读。”

夸张要分内容，讲场合，也不能为了博得他人的关注刻意夸张。“这样做太危险了，你千万不要学”其实也不过是旁边的孩子在与宠物狗玩耍；“这个女人太美了，简直没有任何词汇能配得上她”其实也不过是一位长相端庄些的女同学罢了。如此这般长此以往下去，只会让你的语言力度大打折扣，因为都知道你说话过分夸张，大家也就会一笑置之，因为你已经失去了自己的威信。

（5）矫揉造作。

李汝珍在《镜花缘》第三十二回写道："她们原本就是好好的妇道人家，却要扮作所谓的男人，确实有些矫揉造作。"硬是要把直的掰成弯的，硬是要把圆的压成扁的，用外力去改变原有形态的做法显得非常做作、不自然。生活中这种情况非常普遍，我们常听见有人说着说着突然间蹦出句英文或韩语，后面还要接上一句：你懂吗？也常会听见有人喜欢咬文嚼字，但引用的名言、出口的成语用在此处却根本就不恰当。还有人喜欢卖弄自己的专业，常常说句专业术语让人云里雾里。殊不知，与人交流关键在于双方都有兴趣。只有这样，交流才能顺利进行下去。

3. 忌冷若冰霜：你非冷美人，何必不言笑

文艺复兴时期，被人们看作是精神领袖的爱默生，曾经说过这样一句话："当我们沉浸在爱意中时，就会感觉到一股暖意。这种爱意在诗歌和交谈中总是被人亲切地比作火焰。无论是陷在爱恋当中的痴情还是振奋人心的好意，都让生活变得甘甜如蜜。"不仅西方有这样的观点出现，古老文明的东方也有这样的话语——儒家代表人物之一的孟子就曾说："爱人者人恒爱之，敬人者人恒敬之。"在生活中，与人交往时，一个笑脸、一句关心的话语都会让人觉得温暖。当我们主动去爱一个人时，对方才会爱我们；当我们敬一个人时，对方才会敬

我们。而说服其实就是一种交往，所以提高说服力，更要从友爱的角度出发，用我们的善意与笑脸去感染对方。而那些认为说服就是谈判，只有冷若冰霜才会震慑住对方，让对方屈从的想法无疑是大错特错的。

但如何在交谈过程中让他人感受到我们的爱意，是一个不小的问题。最令人伤心的事是，我们明明很关心一个人，对方却感受不到我们的关心；我们爱一个人，对方却往往感受不到我们的爱意。这就是我们平常的表现出了问题。爱一个人、敬一个人，首先要从态度上使人感到如沐春风，更要让对方在与我们交往时感受到快乐。

笑脸是世界通用的最美语言。有一句话这样说："当你到了一个陌生的国家，哪怕你一句话都不会说，但你的一个微笑就已经胜过千言万语。"

菲力之所以会成为美国钢铁大王卡耐基的左膀右臂，就是源于他的一个微笑。那是一个下雨的午后，很多人都进到一个店铺躲雨，这其中就有一个衣着朴素的老人。店内的销售人员看这位老人衣着简朴，就没上前招呼她，老人因此颇有几分尴尬。而正在此时，一个年轻人走到了她身边，笑着对老人说："您就在这里躲雨吧，没有关系的。"老人点头道谢，并四处打量，为自己没有买东西进到人家的店铺而感到不好意思。那个年轻人看出了老人的意图，又笑着对老人说："您不必感到不好意思，外面的雨把您的头发和衣服都淋湿了，我可以帮您找块干净的毛巾把头发擦干，您可以和我一起到员工休息室休息，不然着凉就不好了。"

雨下了两个小时，老人也在员工休息室休息了两个小时。临走前，老人要了菲力的名片。一个星期后，菲力所在公司的总经理收到了钢铁大王卡耐基的信，点名要求菲力作为负责人完成一个城堡的装修订单，并负责卡耐基公司下一季度的办公采购。原来，那个午后躲雨的老人就是卡耐基的母亲。此后，菲力也成为了卡耐基的心腹，与卡耐基一同征战着美国的钢铁市场。

春风满面、笑脸相迎是向对方发出的最善意、最友好的信号。微笑不仅仅只是一个面部表情，它更是我们的名片，是我们内心情感的最真实写照。那些在任何场合都大受欢迎的人，一定是笑得最灿烂的人。

笑容能让强硬变得柔软，能让困难变得简单，能让复杂变得容易，而在与人交流时，使我们反败为胜。

面带微笑展示的是我们愿意与对方交往的意愿，而对方愿不愿意回我们一个微笑则还要看我们接下来的表现。让一个人微笑，所需要配备的最基本技能就是幽默。幽默是社交中必备的技巧之一，也是人们在生活中必不可少的一项技能。我们都愿意与一个能够带给我们快乐，使我们开怀大笑的人交往。著名心理学家凯瑟琳就曾说过：“如果你不仅仅只是用握手去和他人交往，而是同时具备了友善和幽默，时空的距离就会在你们之间消失。”

以幽默的语言作为开场，往往能够点燃现场的氛围。国内著名主持人杨澜在主持《正大综艺》的一期关于加拿大的节目时，曾以这句话作为开场：“我听说有两个加拿大人在室外聊天，话刚说出口就被冻住了，他们不得不回到室内将它们烤化了才听到对方说了什么。”一席话使得现场笑声不断，为接下来的节目营造了快乐轻松的氛围，也点燃了全场观众的热情。

不是人人都能具备幽默感，幽默与低俗有着本质的不同。幽默需要你具有广阔的知识储备和高雅的审美，能够手到拈来地将之运用。林语堂在《幽默杂谈》中曾谈到：“但凡是真正具有幽默感的人，他的诙谐必然是非常深幽隐秘的，而能够懂得这种幽默的人，一定是在心中默默地欣赏，有一种‘众人皆醉我独醒’的天知地知你知我知的默契感，不足与外人道也。真正的幽默与那些粗鄙显露的笑话是有着本质上的不同的。幽默应该是越幽越默方能更显其妙。”

美国“莱特”兄弟成功地发明了第一架飞机。在他们去法国旅行时，受到了当地名流的热烈欢迎，特意为他们开了个欢迎宴会。众多名流在场，宴会的主人再三邀请两人为大家说些什么，面对这样盛情的邀请，架不住的莱特兄弟不得已站起来说了一句话：“据我们所知，鸟类中只有鹦鹉是会说话的，但最会说话的它们恰巧飞得高。”一席话赢得了在场众位名流们持久而热烈的掌声。这句话中所表达的语义，恰恰说明了二人要付出何等的艰辛才能够成功地研制出飞机的，而光说不做的人是无法获得大的成就的。机智而幽默，富有寓意却又简单明了，真真是“俞幽俞默俞妙”。

幽默的言谈让人愉悦，如果自身再带着真诚的笑脸去与人交往，那么你一定会赢得众人的好感，不仅能收获友谊，更能在人际交往中赢得他人的尊重与喜爱。

4. 忌轻视他人：星星之弱火，可成燎原势

古罗马哲学家米奇乌斯曾讲过这样一则故事：

一只兔子被老鹰追赶，走投无路之时看见一只屎壳郎，迫于无奈

抱着试一试的心态，兔子向屎壳郎求助，请屎壳郎向老鹰求情不要吃掉自己。屎壳郎答应了。在兔子刚要被老鹰捉走的那千钧一发之际，屎壳郎开口道："老鹰大人，这只兔子是我的奴仆，请你看在我的面子上放过它吧。"老鹰对于小而肮脏的屎壳郎根本不屑一顾，更因为听到它的求情，将兔子放在了地面上，当着屎壳郎的面吃掉了兔子。这使屎壳郎感受到了异常的屈辱，发誓定要报复老鹰。

屎壳郎一心潜伏等待着时机，终于它等到了老鹰筑好巢穴并将卵蛋放进去飞走寻找食物的大好时机。屎壳郎爬进了老鹰的巢穴，呼朋唤友合力将老鹰的卵蛋推到了巢穴边上。一阵风吹来，蛋掉到地上，碎了。

愤怒的老鹰找到天神，请求天神能够赐给它一个可以安心筑巢并安心孵蛋的地方。天神沉吟了半晌，回复道："你是我的臣民，我理应对你的子嗣负责，你把蛋放在我这里吧，这样你就可以安心地去觅食了。"

老鹰欣喜地答应了，将蛋放在了天神的怀中。

屎壳郎请求面见天神，天神也想向屎壳郎说一说这件事情，于是答应了屎壳郎的请求。屎壳郎来到天神面前，将一个滚好的粪蛋扔进了天神的怀中，天神嫌弃地赶紧将粪蛋扔出去，可是这样一来，天神怀中老鹰的蛋也跟着掉到了地上。无疑，蛋又碎了。

故事很简单有趣，却又为我们拉响了警钟：不要轻视任何人。

在我们平常的社会交往中，有很多人都会凭自己的一己之见，或者他人留给我们平凡的第一印象而去轻视他人，这其实是非常不明智的行为。对自己的人际交往与日后的关系网络来说，都是一个很大的弊端。因为当你在轻视他人的时候，往往他人也不会重视你，而在你轻视的这些人之中，很有可能就会出现一个对你日后影响极深甚至左右你前途的人物。万事万物都是在发展的，兴衰在不断地更迭，没有人会是永远的胜者，更没有人会是永远的弱者，在你看不见的地方，总是有人在不断地奋斗。当你用这种世俗的眼光看人的时候，他们超越你只是时间问题。

人们注意的总是自己，所以每当有团体照片发到我们手中的时候，我们总会下意识地去寻找自己的影像而忽略了他人。但是有人的地方就有江湖，江湖不是你一个人就可以闯的。即便是武功独步天下的人，面对所有人的围攻，也会有力竭的时候。所以团结你身边一切可以团结的力量才是正道，别忘了“星星之火，可以燎原”。如果我们能做到团结一切可以团结的人，我们的力量将是无可限量的。

有这样一则故事：

天堂与地狱一样，在吃饭的时间都只让人围坐在圆桌旁边，圆桌上摆满了各种美味佳肴，桌子上吊着一个带有长长的手柄的勺子，人们能够用这个勺子盛起食物，但食物却会因为长长的手柄而永远到不了自己的口中。天堂与地狱的区别就在于，身处天堂中的人，都用勺子盛起食物送到他人的口中，而地狱中的人，都在争夺着勺子，想方设法地将食物放进自己的口中，结果却是每个人都吃不到食物，只能饥肠辘辘。显然，天堂与地狱之人的处事方式的区别就在于：天堂的人采用的是团结友爱、互惠互利的共存模式，地域的人采用的是自私自利、满足私欲的排他模式。

其实无论有没有天堂或地狱，这个故事都给我们一个启示：一个团结的队伍，它的力量是一加一大于二的。所以在我们平常的说服过程中，如果也有一个得力的帮手与你一起进行说服，那就不仅仅只是两个人的力量了。所谓“它山之石，可以攻玉”就是这个道理，你所擅长的东西虽然他不一定擅长，但是他也一定有你所不具备的技能，以他之长补己之短，不正是壮大自己的好机会吗？

很多人都认为，只有那些有权有势的大人物才有强大的话语权，能够帮助我们进行强有力的说服。但是成功不是一蹴而就的事情，大人物也是从小人物逐渐成长壮大起来的。不要忽视小人物的存在，也不要低估小人物的潜力，否则你将会吃小人物的大亏。每个人都是一个螺丝钉，共同维系着社会这个大机器的正常运转，你身边的每个人都有存在的价值。轻视一颗星，就不会有广袤无垠的银河系；轻视一滴水，就不会有辽阔无边的海洋；轻视一粒沙，就不会有浩瀚无际的坚实土地。

多个朋友多条路，多个敌人多堵墙。在社会交往中，你在言语上开罪他人，行为上得罪他人，都无疑会给自己建立起一堵厚重的石墙，使自己的路越走越窄，阻碍越来越多，终有一天会因为自己的言行而无路可走。儒家代表荀子有一句话说得好："与人善言，暖于布帛。"当我们用友好的语言去说服他人时，得到的往往会是他们积极的回应。

5. 忌准备仓促：紧行无好步，隔山不买牛

有时候，我们要说服一个人，可能会觉得成竹在胸，在说服之前就不会去做准备。这样不但无法说服对方，还会被对方说服。

其实，做任何事之前，都要对此进行一个简要的了解，知道自己要如何做才能做好，这样才能达到自己的目的。说服更是如此。在说服他人之前，没有一个攻无不克的计划，就不能保证万无一失，而没

有一个集中的目标，就不能在说服中有所斩获。

了解对方的性格，就能按照对方的性格进行有针对性的说服；了解对方的兴趣，就能与之谈到一起去；了解对方的想法，就能够知道对方想要什么；了解对方的情绪，就能知晓对方的注意力是否集中，对于说服对方来说这是否是一个好的时机，等等。凡此种种，在进行说服之前都要进行研究，这样才能够保证你有足够的应变能力去解决说服中出现的问题。

为什么有许多人在说服的最后会无功而返？正是因为他对所要说服的对象没有系统地了解，不能对症下药，选择不了一个对方容易接受、愿意配合的方案来进行说服。就像是一个医生，不看患者的检查报告，不进行望闻问切等一系列的步骤进行诊断，就盲目地给患者开药，自然不能使患者药到病除，甚至还会引发患者的其他不良反应。

除说服前要做好对对方的调查之外，还要根据对方的需要，找一个最能够说服对方的理由。

拿破仑·希尔是美国的成功学家，有一次，他受邀到俄亥俄州立监狱进行演说。演说的途中，他在犯人之中发现了一个老朋友——D先生，而十年的交情自然让他在演说结束后就急忙找这位朋友了解相关的情况（在十年之前，他的这位朋友是当地有名的商人）。

与这位朋友的谈话结束后，拿破仑·希尔了解到他是因为伪造文书的罪名被判了有期徒刑20年。拿破仑·希尔在当时就对他说道：“我要在60天内让你出狱，享有自由。”

朋友苦笑道：“希尔，我知道你是个有头脑、有魄力的人，但我此刻不得不怀疑你，因为在此之前我也找了很多人来帮我辩护甚至打点关系，但最后都无疾而终。所以，让我出狱看来是一件不能办到的事情。”

大概是朋友的质疑使拿破仑·希尔感受到了挑战的气息，他决定要向这位朋友证明，这是一件能够办到的事情，而且是只有拿破仑·希尔才能够办到。

第二天，拿破仑·希尔回到家就要求他的妻子为他准备一切，他决定要暂时性地住在俄亥俄州立监狱的所在地——哥伦布市，而且有了一个非常明确的目标——一定要把D先生弄出监狱。

住到哥伦布市的第二天，拿破仑·希尔就前来拜访州长，向他表明了自己此行的目的。拿破仑·希尔向州长这样说道："州长先生，我这次来是希望您能够下令释放D先生，对此我有充足的理由。服刑期间，D先生曾经在监狱中推行了函授课程，您当然也会对这件事有所了解，毕竟这个课程影响了监狱中70%的人。而且，我向狱警们进行了相关的了解，D先生在狱中的表现非常好，遵守秩序，积极配合狱警的工作。当然，一个能够督促狱中70%的人进行学习的人自然不可能是一个坏人。我来请求您释放D先生，并能够安排他当一所监狱学校的校长。他既然能够对这所监狱中70%的人起到作用，那么全州10000多名犯人自然也会受到他的影响，从而获得学习的机会，并因此成为一个守法的公民。我准备负担起D先生出狱后的全部责任，但是我也不是不明白，您释放一个犯人出狱会让您在竞选连任的活动中失去很多选票。"

过程不过5分钟，拿破仑·希尔的说服工作就已经完成，而三天之后，D先生就获得了失去已久的自由。

拿破仑·希尔之所以能够说服州长，就是因为他做了充分的准备，给出了州长不能拒绝的理由。其实，在D先生推行函授课程并影响到70%的犯人时，就已经为自己赢来了打开监狱大门的钥匙。不是D先生的父母，不是D先生的财富，同样不是D先生和希尔之间的友谊，这些理由都不够充沛，最主要的是，希尔是在向州长传达俄亥俄州 10000 多名犯人的意愿，因为 D 先生一人的出狱，将会使这个州 10000 多名犯人享有到好处。因此，拿破仑·希尔靠着最充分、最不能让人拒绝的理由成功地让 D 先生从监狱中走了出来。

可见，充分的准备对于说服来说是多么的重要。正所谓紧行无好步，步子走得太急，自然会迈不稳；而隔山买牛也不会买到满意的牛，因为你对此完全不了解，自然就无法做出最准确的判断。而对于说服来说，也是如此。总之，无论做什么，只有做好万全的准备，才能打有把握的仗。